Duden

WISSEN >> ÜBEN >> TESTEN

Grammatik

2., aktualisierte Auflage

5./6.
Klasse

Dudenverlag
Berlin

Die Rechtschreibung in diesem Buch folgt im Falle von Schreibvarianten den Empfehlungen von Duden – Die deutsche Rechtschreibung.

Beratungsangebot für Eltern und Lehrer (kostenpflichtig):
Die **Duden-Sprachberatung** beantwortet Ihre Fragen zu Rechtschreibung, Grammatik, Zeichensetzung u. Ä.
montags bis freitags zwischen 09:00 und 17:00 Uhr.
Aus Deutschland: **09001 870098** (1,99 € pro Minute aus dem Festnetz)
Aus Österreich: **0900 844144** (1,80 € pro Minute aus dem Festnetz)
Aus der Schweiz: **0900 383360** (3,13 CHF pro Minute aus dem Festnetz)
Die Tarife für Anrufe aus den Mobilfunknetzen können davon abweichen.
Den kostenlosen Newsletter der Duden-Sprachberatung können Sie unter www.duden.de/newsletter abonnieren.

Bibliografische Information der Deutschen Nationalbibliothek
Die Deutsche Nationalbibliothek verzeichnet diese Publikation in der Deutschen Nationalbibliografie; detaillierte bibliografische Daten sind im Internet über http://dnb.d-nb.de abrufbar.

D C B A
Bibliographisches Institut GmbH
Mecklenburgische Straße 53, 14197 Berlin

Redaktionelle Leitung Constanze Schöder
Redaktion Dr. Anja Steinhauer
Autorin Birgit Kölmel

Herstellung Maike Häßler
Layout Horst Bachmann
Illustration Carmen Strzelecki
Umschlagabbildung Fotolia
Satz Katrin Kleinschrot, Stuttgart
Druck und Bindung Heenemann GmbH & Co. KG
Bessemerstraße 83–91, 12103 Berlin
Printed in Germany

ISBN 978-3-411-74432-9

www.duden.de

Inhaltsverzeichnis

1 Die Wortarten

2 Die Satzglieder und das Prädikat

3 Der Satz

1

Die Wortarten

1.1 Substantive und Artikel

Wörter werden nach bestimmten grammatischen Merkmalen in verschiedene Klassen, die **Wortarten**, eingeteilt. In der deutschen Sprache kennen wir je nach Einteilung etwa zehn Wortarten.
Hierbei unterscheidet man zwischen **flektierbaren** (veränderbaren) und **unflektierbaren** (unveränderbaren) Formen.

Die meisten Wörter unserer Sprache sind **Substantive.** Sie gehören zu den flektierbaren Wortarten. Substantive bezeichnen Lebewesen, Dinge und Begriffe; sie werden großgeschrieben.

Lebewesen: Frau – Tier – Pflanze
Dinge: Auto – Lampe – Schule
Begriffe: Gedanken – Freude – Wut

Das **Genus** (Geschlecht) eines Substantivs erkennt man an seinem begleitenden **Artikel**. Es gibt **bestimmte und unbestimmte Artikel.** Diese gehören ebenfalls zu den flektierbaren Wortarten.

der Mann – **die** Frau – **das** Kind
ein Mann – **eine** Frau – **ein** Kind

Man unterscheidet drei grammatische Geschlechter:

- **Maskulinum** (männlich),
- **Femininum** (weiblich),
- **Neutrum** (sächlich).

der Baum – **der** Bezirk – **der** Kaffee
die Rektorin – **die** Liebe – **die** Stimme
das Gebäude – **das** Gespenst – **das** Licht

Substantive können im **Singular** (Einzahl) oder im **Plural** (Mehrzahl) stehen. Dies bezeichnet man als **Numerus** eines Substantivs.

der Hund – die Katze – das Buch
die Hunde – die Katzen – die Bücher

Achtung: Es gibt auch Substantive, die nur im Singular oder nur im Plural vorkommen.

das Obst – der Schnee
die Eltern – die Ferien

Jedes Substantiv innerhalb eines Satzes steht in einem bestimmten **Kasus** (Fall).
Hier unterscheidet man vier Fälle:

- **Nominativ** (1. Fall), – *Wer oder was?* – **der Vater, die Mutter**
- **Genitiv** (2. Fall), – *Wessen?* – **des Vaters, der Mutter**
- **Dativ** (3. Fall), – *Wem?* – **dem Vater, der Mutter**
- **Akkusativ** (4. Fall). – *Wen oder was?* – **den Vater, die Mutter**

WISSEN

ÜBUNG 1 **Unterstreiche alle Substantive im Text. Wenn du dir nicht sicher bist, kannst du die Artikelprobe machen. Schreibe anschließend die Substantive geordnet nach Lebewesen, Dingen und Begriffen mit ihrem bestimmten Artikel in dein Heft.**

DER LÖWE UND DIE MÜCKE (ÄSOP)
MIT ÜBERMÜTIGEN WORTEN FORDERTE EINE KLEINE MÜCKE DEN LÖWEN ZU EINEM ZWEIKAMPF HERAUS. „ICH FÜRCHTE DICH NICHT, DU UNGEHEUER“, SCHRIE SIE IHM IHRE GEFÜHLE ENTGEGEN. „DU HAST ÜBERHAUPT KEINE VORZÜGE GEGEN MICH! GLEICH WIRST DU SEHEN, DASS ICH WESENTLICH MEHR STÄRKE HABE ALS DU!“ MIT DIESEN WORTEN FLOG SIE IN EINES SEINER NASENLÖCHER UND STACH IHN SO SEHR, DASS ER VOR SCHMERZ WIMMERTE UND DIE MÜCKE BAT AUFZUHÖREN.
VOLLER STOLZ AUF DIESEN SIEG FLOG DAS INSEKT DAVON, UM IN ALLE WELT HINAUSZUPOSAUNEN, WELCHE HELDENTAT ES VOLLBRACHT HATTE. DABEI ÜBERSAH ES ABER DAS NETZ EINER SPINNE UND VERFING SICH IN DIESEM. SOFORT KAM DIE SPINNE UND SAUGTE DIE MÜCKE AUS. BEVOR DIE MÜCKE STARB, DACHTE SIE: „WELCHE UNGERECHTIGKEIT UND ERNIEDRIGUNG! JETZT HABE ICH DEN LÖWEN BESIEGT UND MUSS DURCH SOLCH EINE ARMSELIGE SPINNE STERBEN!“

ÜBUNG 2 **Welche Pluralform ist richtig? Kreuze an.**

1. *die Insel:*	☐ die Insels	☐ die Inseln	☐ die Insel
2. *der Teppich:*	☐ die Teppiche	☐ die Teppichen	☐ die Teppichs
3. *das Album:*	☐ die Alben	☐ die Albums	☐ die Albumer
4. *das Reptil:*	☐ die Reptils	☐ die Reptilien	☐ die Reptiler
5. *der Saal:*	☐ die Saale	☐ die Saals	☐ die Säle

ÜBUNG 3 **Male alle Kästchen mit Substantiven, die nur im Singular vorkommen, mit roter Farbe und alle mit Substantiven, die es nur im Plural gibt, mit blauer Farbe aus. Schreibe alle Substantive dann, getrennt nach Singular und Plural, mit Artikel in dein Heft.**

Hass	Ärger	Masern	Gold	Milch
Kosten	Wut	Eltern	Leute	Finanzen
Mehrzahl	Tropen	Laub	Lärm	

ÜBEN

ÜBUNG 4 **Unterstreiche in den Sätzen jeweils das Substantiv. Schreibe dann Genus und Numerus in die Klammer.**

1. Die Pflanzen gedeihen prächtig. (Femininum Plural)
2. Ich liebe diesen Esel. ( )
3. Räum doch bitte die Gläser weg! ( )
4. Meine Kasse ist leer! ( )
5. Heute haben wir acht Bäume gepflanzt. ( )

WISSEN

Substantivierung Wenn andere Wortarten wie Substantive gebraucht werden, dann spricht man von Substantivierungen.	das Wenige – der Blaue – zum Träumen
Wenn man sich nicht sicher ist, ob ein Wort ein Substantiv ist, dann kann man auf den Artikel schauen bzw. probeweise einen Artikel davorsetzen.	**Der** Große wird gewinnen. Können wir Ihnen etwas Süßes anbieten? – **das** Süße
Achtung: Manchmal sind die Artikel auch mit einer Präposition verbunden.	**Beim** (= bei dem) Lesen bin ich glücklich. Wir sind **am** Aufräumen.

ÜBUNG 5 **Setze die passenden Artikel oder Verbindungen aus Präposition und Artikel aus dem Wortspeicher ein. Substantiviere dann das Wort in der Klammer.**

am – ~~beim~~ – das – das – die – vom – zum

1. Den Bluterguss habe ich mir beim Reiten (reiten) zugezogen.
2. Stör mich nicht, ich bin (nachdenken).
3. Wenn du so weitermachst, dann bringst du mich noch (ausrasten).

4. Das Kleinkind lernt soeben (krabbeln).
5. (blau) im Pullover lässt deine Augen besonders strahlen.
6. (lernen) bekomme ich Ausschlag.
7. Ich meine (hübsch) dort drüben.

ÜBEN

ÜBUNG 6 **Setze Artikel und Substantiv in der Klammer mit dem richtigen Fall in die Lücken ein.**

Kapitän Percel hatte vor einigen Stunden den Anker (der Anker) werfen lassen und gewartet, bis auf (das Schiff) Ruhe eingekehrt war. Nun, in der Finsternis (die Nacht), befahl er (ein Matrose), ihn und (die Ausrüstung) mit (das Beiboot) an Land zu bringen. Er wusste, dass (die Schatzsuche) nun nichts mehr im Wege stand. Der Rest (die Mannschaft) schlief und die Aufmerksamkeit (die Bordwache) war so groß wie das Jagdfieber (eine Eule) in (die Mittagssonne). Das vergilbte Papier (die Schatzkarte) steckte in (die Innentasche) (der Umhang).

ÜBUNG 7 **In welchem Kasus steht das rot markierte Substantiv jeweils? Stelle zuerst die Frage und entscheide dann. Schreibe auch jeweils Genus und Numerus dazu.**

1. Der Schüler bemerkt den Rektor.

   Frage: Wen oder was bemerkt der Schüler?

   Kasus: Akkusativ Genus: Maskulinum Numerus: Singular

2. Fritz stibitzt die Pfeife des Vaters.

   Frage:

   Kasus: Genus: Numerus:

3. Tom glaubt seiner Schwester nicht.

   Frage:

   Kasus: Genus: Numerus:

4. Die kleinen Hunde schlafen endlich.

   Frage:

   Kasus: Genus: Numerus:

ÜBEN

1.2 Verben

Verben drücken (je nach **Aktionsart**)
- eine **Handlung**,
- einen **Vorgang** oder
- einen **Zustand** aus.

Verben werden kleingeschrieben.

Handlung: kochen – schreiben
Vorgang: aufwachsen – regnen
Zustand: besitzen – wohnen

Man unterscheidet zwischen Vollverben, Hilfsverben und Modalverben:
- **Vollverben** können allein stehen.

Ich **schlafe.** Sie **isst.**

- **Hilfsverben** benötigt man, um bestimmte Zeitformen sowie das Passiv zu bilden. Dies betrifft die Verben *sein, haben* und *werden*.

Ich **bin** gerannt. Wir **haben** gelesen.
Wir **werden** gefilmt.

- **Modalverben** stehen in der Regel in Verbindung mit einem Vollverb im Infinitiv. Sie drücken aus, dass etwas möglich, notwendig, gewollt, erlaubt oder gefordert ist. Modalverben sind: *können, dürfen, müssen, mögen, sollen* und *wollen*.

Er **kann** Rad fahren.
Sie **darf** abends lange aufbleiben.
Leider **muss** ich die Feier absagen.
Ich **möchte** gerne ein Eis haben.
Du **sollst** morgen wiederkommen.
Wir **wollen** gerne mit dir feiern.

Die Grundform von Verben bezeichnet man als **Infinitiv.** Die meisten Verben enden im Infinitiv auf *-en*, wenige auf *-(e)rn* oder *-(e)ln*.

back**en** – frier**en** – komm**en** – pflanz**en**
änd**ern** – klett**ern** – wand**ern**
hand**eln** – hob**eln** – läch**eln**

Verben im Infinitiv bezeichnet man als **infinite** (nicht nach Person oder Numerus bestimmte) Verbformen.
Weitere infinite Verbformen sind:
- das **Partizip Präsens** (Partizip I): Es entsteht durch Anhängen der Endung *-(e)nd* an den Stamm eines Verbs.

bitt**end** – kriech**end** – pfeif**end**

- das **Partizip Perfekt** (Partizip II): Es wird gebildet mit der Vorsilbe *ge-* und der Endung *-t* oder *-en*.

gebeug**t** – **ge**flog**en** – **ge**rat**en**

Den **Wortstamm** erhält man, wenn man die Endung des Verbs weglässt.

lachen – **samm**eln

Die **Personalformen** eines Verbs bezeichnet man als **finite** Formen; sie sind nach Person und Numerus verändert. Personalformen bildet man, indem man an den Wortstamm die jeweilige **Personalendung** hängt. Das nennt man **konjugieren** (beugen).

ich schneid**e**
du schneid**est**
er / sie / es schneid**et**
wir schneid**en**
ihr schneid**et**
sie schneid**en**

Tempus (Zeit)

Das **Tempus** (die Zeitform) des Verbs zeigt an, **wann** etwas passiert.

Das **Präsens** (Gegenwart) bezeichnet
- etwas, das sich gerade ereignet,
- Aussagen, die allgemeingültig sind,
- ein Ereignis, das in der Zukunft liegt.

Opa **streicht** die Wand.
Nach dem Essen **putzt** man die Zähne.
Morgen **besuchen** wir unsere Tante.

Das **Präteritum** (Vergangenheit) bezeichnet ein vergangenes Geschehen. Es wird oft in Erzählungen verwendet.

Im letzten Jahr **flogen** wir nach Kanada.
Gestern **aßen** wir Waffeln.
Wir **kannten** ihn gut.

Das **Perfekt** (vollendete Gegenwart) bezeichnet ein Geschehen, das zwar in der Vergangenheit abgeschlossen ist, dessen Folgen aber bis in die Gegenwart reichen. Es wird gebildet mit der konjugierten Form von *haben* oder *sein* im Präsens und dem Partizip Perfekt.

Wir **sind geschwommen.**
(Folge: Ich fühle mich besser als vorher)
Er **hat gefroren.**
(Folge: Er bekommt eine Erkältung)
Sie **ist gegangen.**
(Folge: Sie ist nicht mehr hier)

Das **Plusquamperfekt** (vollendete Vergangenheit) bezeichnet ein Geschehen, das noch vor anderen in der Vergangenheit passierten Ereignissen liegt. Meistens wird diese Vorzeitigkeit in Verbindung mit dem Präteritum ausgedrückt.
Es wird gebildet mit einer konjugierten Form von *haben* oder *sein* im Präteritum und dem Partizip Perfekt des Verbs.

Nachdem wir **gewonnen hatten,** feierten alle Zuschauer den Sieg.
Sie **hatte gelesen,** dass der Eintritt kostenlos sei, bevor sie hinging.

Wir **waren gekommen.**

Das **Futur I** (Zukunft) bezeichnet
- ein Geschehen, das noch nicht stattgefunden hat,
- eine Vermutung,
- eine nachdrückliche Aufforderung.

Es wird gebildet mit der konjugierten Form des Hilfsverbs *werden* und dem Infinitiv des Vollverbs.

Im nächsten Jahr **werden** wir deinen Geburtstag ganz groß **feiern.**
Du **wirst** schon Glück **haben!**
Ihr **werdet** mir sofort **zuhören!**

Das **Futur II** (vollendete Zukunft) bezeichnet ein Geschehen, das in der Zukunft als abgeschlossen angesehen wird. Es wird gebildet mit dem Futur der Hilfsverben *haben* oder *sein* und dem Partizip Perfekt.

Nächste Woche **wirst** du die Prüfung **bestanden haben.**
Bis dahin **wird** der Verbrecher schon **geflohen sein.**

ÜBUNG 8 Schreibe das dargestellte Verb im Infinitiv auf die Zeile. Schreibe dazu, ob das Verb eine Handlung, einen Vorgang oder einen Zustand ausdrückt.

ÜBUNG 9 Verbinde, ohne zuvor im Wissensteil nachzusehen.

Vollverben	benötigt man, um bestimmte Zeitformen zu bilden.
Hilfsverben	stehen in der Regel in Verbindung mit einem Vollverb im Infinitiv.
Modalverben	können im Satz allein stehen.

ÜBUNG 10 Setze das passende Modalverb in den Satz ein. Schreibe in die Klammer, was jeweils ausgedrückt wird. Verwende dazu die Wörter aus dem Wortkasten.

Auftrag – ~~Erlaubnis~~ – Fähigkeit – Notwendigkeit – Wille – Wunsch

1. Heute darfst du dein Geschenk auspacken. (Erlaubnis)
2. Mein kleiner Bruder k schon Brei essen. ( )
3. Ich s Äpfel kaufen. ( )
4. Ich m dringend aufräumen. ( )
5. Meine Freundin m gerne Schokolade haben. ( )
6. Sie w zu euch kommen. ( )

ÜBUNG 11 **Setze in den folgenden Text die richtigen Verbformen ein.**

Alexander (besuchen) in den Ferien einen Kochkurs für Jugendliche. Man kann dort (lernen), wie man einfache Gerichte (zubereiten). Außerdem (treffen) man dort auch nette Leute. Viele (machen) den Kurs schon zum zweiten oder dritten Mal, da es ihnen beim letzten Mal so gut (gefallen). In diesem Jahr (erfahren) die Teilnehmerinnen und Teilnehmer auch noch etwas über die Zutaten. Die Leiterin des Kochkurses (erklären), dass man im Sommer gut Zucchini (verwenden) kann, weil man sie im eigenen Garten (ernten) kann. Nach dem Kurs (verabreden) sich Alexander mit einer anderen Teilnehmerin, um gemeinsam mit ihr ins Kino zu gehen.

ÜBUNG 12 **Unterstreiche in dem Gedicht von Johann Wolfgang von Goethe alle Verbformen im Text. Schreibe dann die Verben im Infinitiv auf die Zeile nebenan.**

An Frau von Stein

Deine Grüße hab ich wohl erhalten.
Liebe lebt jetzt in tausend Gestalten,
gibt der Blume Farb und Duft,
jeden Morgen durchzieht sie die Luft,
Tag und Nacht spielt sie auf Wiesen, in Hainen,
mir will sie oft zu herrlich erscheinen,
Neues bringt sie täglich hervor,
Leben summt uns die Biene ins Ohr.
Bleib, ruf ich oft, Frühling, man küsset dich kaum,
Engel, so fliehst du wie ein schwankender Traum.
Immer wollen wir dich ehren und schätzen,
so uns an dir wie am Himmel ergötzen.

ÜBEN

ÜBUNG 13 **Wie heißt die Vergangenheitsform (Präteritum)? Wenn du alles richtig gemacht hast, dann kannst du das Zitat von Seneca vervollständigen.**

1. *befehlen:*	☐ befehlte (V)	☐ befahl (W)	☐ befahlte (M)
2. *schlagen:*	☐ schlug (Ü)	☐ schlagte (A)	☐ schlugte (B)
3. *fangen:*	☐ fangte (P)	☐ fingte (O)	☐ fing (N)
4. *werben:*	☐ warb (S)	☐ wurb (D)	☐ werbte (C)
5. *rinnen:*	☐ rinnte (F)	☐ ring (A)	☐ rann (C)
6. *erschrecken:*	☐ erschrak (H)	☐ erschrakte (N)	☐ erschreckt (E)
7. *flechten:*	☐ flocht (T)	☐ flacht (I)	☐ flechtete (L)

Nicht wer wenig hat, sondern wer viel _ _ _ _ _ _ _ , ist arm.
1 2 3 4 5 6 7

ÜBUNG 14 **Fülle die Tabelle aus.**

Perfekt	Präteritum	Präsens	Futur I
Lisa hat gelogen.			
		Peter malt ein Bild.	
	Opa hatte recht.		
			Oma wird das Bild aufheben.

ÜBUNG 15 **Unterstreiche jeweils die Verbform. Schreibe dann in die Klammer, was mit dem Satz im Futur I jeweils ausgedrückt wird.**

1. Wahrscheinlich wird er noch sehr bekannt werden. (Vermutung)
2. Morgen wird es regnen. ( )
3. Du wirst auf der Stelle herkommen! ( )

ÜBEN

ÜBUNG 16 **Setze die Verbformen im Futur I ins Futur II.**

1. Wir werden einen Test schreiben.

   Nächste Woche werden wir einen Test geschrieben haben.

2. Das Schiff wird sinken.

   Übermorgen wird .

3. Er wird dich darum bitten.

   Morgen wird .

4. Du wirst ihn vergessen.

   In spätestens einem Monat wirst .

ÜBUNG 17 **Setze die Verben in der Klammer ins Perfekt.**

Marie erzählt: Gestern haben wir in der Schule Fasching gefeiert (feiern). Das war ein tolles Ereignis! Schüler und Lehrer in den unterschiedlichsten Verkleidungen (kommen). Unser Klassenlehrer als Überraschungsei (erscheinen)! Das war ein Knüller! Viele Schüler das Kostüm einer Prinzessin oder eines Cowboys (wählen). Den ganzen Morgen wir Spiele (machen) und (tanzen). Die älteren Schüler sogar eine Polonaise durchs Schulhaus (anfangen). Nach der Pause unser Lehrer uns Faschingskrapfen und Kindersekt (spendieren). Natürlich wir alles ratzeputz (aufessen). Zum Schluss die Lehrer das beste Kostüm (prämieren). Es uns natürlich überhaupt nicht (wundern), dass unser Klassenlehrer den ersten Preis (absahnen). Wir es ihm natürlich (gönnen)! Viel zu schnell der Vormittag (vorbeigehen) und bald wir den Weg nach Hause (antreten).

ÜBEN

ÜBUNG 18 **Führe die Sätze zu Ende, indem du das Verb in der Klammer in die Zeitform des Plusquamperfekts setzt. Unterstreiche dann alle Verbformen im Satz.**

1. Ich durfte das Haus erst verlassen, nachdem ich gelernt hatte (lernen).
2. Er rief sie an, nachdem er zu Abend (essen).
3. Ich schlief erst ein, nachdem ich den Krimi zu Ende (lesen).
4. Sie kam zurück, nachdem sie (trainieren).

ÜBUNG 19 **Überlege dir die Folgen der unten stehenden Ereignisse. Schreibe sie, da sie später passierten, im Präteritum auf. Unterstreiche dann alle Verbformen im Satz.**

1. Weil ich den Hausschlüssel verloren hatte, musste ich das Fenster einschlagen.
2. Da ich keine Lust gehabt hatte zu lernen,
3. Nachdem ich mein Zimmer aufgeräumt hatte,
4. Als ich aufgestanden war, .

ÜBUNG 20 **Überlege, welches Ereignis jeweils zuerst stattgefunden hat. Schreibe die Sätze dann ab und entscheide, wo du Präteritum und wo du Plusquamperfekt verwenden musst.**

1. Nachdem er die Kerzen (ausblasen), (werden) es stockdunkel.
   Nachdem er die Kerzen ausgeblasen hatte .
2. Linus (einschlafen), bevor er den Film zu Ende schauen (können).
   .
3. Als Mia den Kuchen schon (backen), (kommen) ihre Freundin, um zu helfen.
   .

ÜBEN

Wissen

Aktiv und Passiv

- Verbformen im **Aktiv** betonen den Täter oder Urheber einer Handlung oder eines Geschehens.

Die Mutter dekoriert das Zimmer.

- Verbformen im **Passiv** betonen einen Vorgang.

Das Aktiv und das Passiv drücken also unterschiedliche Blickrichtungen aus.

Das Zimmer wird von der Mutter **dekoriert.**

Die Passivformen werden mit der konjugierten Form des Hilfsverbs *werden* und dem Partizip Perfekt gebildet.

Der Brief **wird / wurde geschrieben.**
Der Brief **ist / war geschrieben worden.**
Der Brief **wird geschrieben werden.**
Der Brief **wird geschrieben worden sein.**

ÜBUNG 21 **Setze die folgenden Sätze ins Passiv.**

1. Der Hausmeister säubert den Teich.

   Der Teich wird .

2. Ron schrieb die Hausaufgaben ab.

   .

3. Onkel Albert wird den Fotoapparat kaufen.

   .

4. Mutter hatte den Schalter betätigt.

   .

ÜBUNG 22 **Setze die folgenden Sätze nun vom Passiv ins Aktiv.**

1. Der Hund wird vom Tierarzt gerettet.

   Der Tierarzt .

2. Das neue Auto wurde von unserem Rektor gekauft.

   .

3. Die Videothek wird von meinem Mitschüler betreten.

   .

1.3 Adjektive

Adjektive beschreiben Eigenschaften oder Merkmale eines Substantivs. Deshalb nennt man sie auch Eigenschaftswörter. Adjektive werden immer kleingeschrieben.

alt – hoch – lieb – schwarz

Adjektive können unterschiedlich verwendet werden:

- **attributiv:** Das Adjektiv bezieht sich auf ein Substantiv und steht als **Attribut** (Beifügung) meistens vor ihm.

  das **alte** Buch – der **liebe** Hund – die **schwarzen** Schuhe

- **prädikativ:** Das Adjektiv steht beim Prädikat und bezieht sich auf das Subjekt. Es steht häufig bei den Verben *sein, werden* und *bleiben.*

  Er ist **lieb.**
  Sie wird **alt.**
  Die Schuhe bleiben **schwarz.**

- **adverbial:** Das Adjektiv bezieht sich auf das Verb.

  Die Mutter **kichert leise.**
  (Wie kichert die Mutter?)

- **substantiviert:** Das Adjektiv wird wie ein Substantiv gebraucht.
  Achtung: Dann wird es großgeschrieben!

  Ich sehe viel **Schönes.**
  Kennst du den **Alten** dort?

Adjektive können als einzige Wortart **gesteigert** werden. Wir unterscheiden dann zwischen der Grundform und den beiden Steigerungsformen:

- **Positiv** (Grundform)

  heftig – kalt – schlau

- **Komparativ** (erste Steigerungsstufe): Er wird gebildet, indem man an die Grundform *-er* anhängt. Kommt in der Grundform ein *a, o* oder *u* vor, dann wird daraus im Komparativ meistens ein *ä, ö* oder *ü.*

  heftig**er** – schlau**er**
  k**ä**lt**er** – gr**ö**ß**er** – k**ü**rz**er**

- **Superlativ** (zweite Steigerungsstufe): Er wird gebildet, indem man an die Grundform *-(e)sten* anhängt und *am* voranstellt.

  am ärm**sten** – **am** heftig**sten** – **am** kürze**sten**

Einige wenige Adjektive haben **unregelmäßige Steigerungsformen**. Diese sollte man auswendig lernen.

gut – besser – am besten
hoch – höher – am höchsten

Aufgepasst: Bei **Vergleichen** verwendet man im Positiv das Wort *wie*, im Komparativ das Wort *als*.

Sie ist genauso hübsch **wie** ihre Mutter.
Er ist älter **als** sein Freund.

ÜBUNG 23 Finde im Wortspeicher das passende Adjektiv und schreibe es in der richtigen Form zu seinem Substantiv.

heiß – ~~lustig~~ – spannend – tief

1. der lustige Clown 2. das ____ Meer
3. der ____ Krimi 4. der ____ Ofen

ÜBUNG 24 Ordne die Adjektive aus Übung 23 in die Tabelle ein und steigere sie.

Positiv	Komperativ	Superlativ
lustig	lustiger	

WISSEN

Nicht steigerbare Adjektive
Es gibt auch Adjektive, die sich nicht steigern lassen. Dies sind Wörter, die Eigenschaften oder Zustände ausdrücken, die von ihrer Bedeutung her kein Mehr oder Weniger zulassen.

gelb – ledig – quadratisch – tot

ÜBUNG 25 Finde in der Wörterschlange neun Adjektive, die sich nicht steigern lassen, und umkreise sie. Schreibe sie dann in dein Heft.

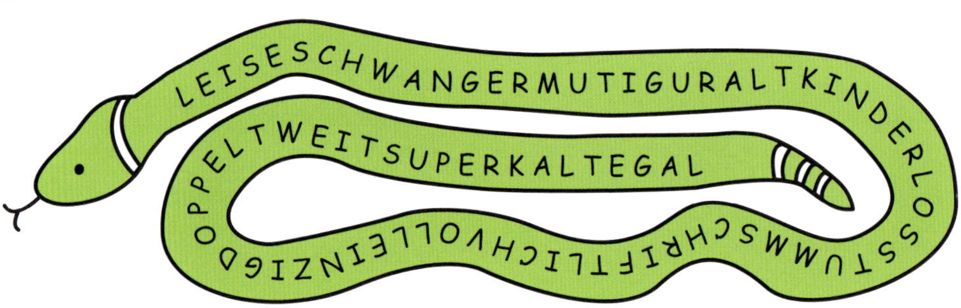

ÜBEN

ÜBUNG 26 **Denke dir zu jedem Bild einen Vergleich aus. Schreibe insgesamt drei Sätze.**

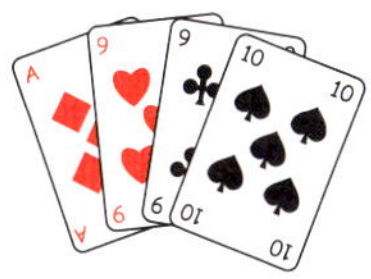

Marc ist sportlicher als seine Klassenkameraden.

ÜBUNG 27 **Bilde die unregelmäßigen Steigerungsformen der Adjektive.**

nahe – ä – am ch

viel – m – am ei

hoch – h – am st

ÜBUNG 28 **Unterstreiche die Adjektive im Satz. Schreibe dann in Klammern auf, wie die Adjektive verwendet wurden.**

attributiv | prädikativ | adverbial | substantiviert

1. Der Läufer rennt schnell. (adverbial)
2. Ich mag das Neue. ( )
3. Wir bleiben jung. ( )
4. Die glücklichste Kuh ist lila. ( )
5. Der heftige Streit setzt mir zu. ( )
6. Der Autofahrer protestierte laut. ( )

ÜBEN

1.4 Adverbien, Präpositionen und Konjunktionen

Adverbien, Präpositionen und Konjunktionen gehören zu den **nicht flektierbaren** (unveränderlichen) Wortarten.	nirgends – morgen – neben – deshalb
Adverbien (Umstandswörter) liefern immer zusätzliche inhaltliche Informationen	
■ zum **Ort** (lokal): *wo?, wohin?, woher?;*	Ich sehe ihn **nirgends.**
■ zur **Zeit** (temporal): *wann?, wie lange?, wie oft?;*	Wir gehen immer **sonntags** zusammen ins Kino.
■ zur **Art und Weise** (modal): *wie?, auf welche Weise?;*	Die gelben Bonbons mag ich **besonders** gerne.
■ zum **Grund** (kausal): *warum?, weshalb?.*	Du bist hungrig, **daher** essen wir zuerst.
Präpositionen (Verhältniswörter) kennzeichnen Beziehungen oder Verhältnisse.	aus – dank – neben – um – vor – wegen
Sie kommen immer mit einem übergeordneten Wort vor (meist Substantiv oder Pronomen). Zusammen bilden sie die **Präpositionalgruppe.**	**aus** Mitleid – **neben** dem Spielplatz
Manche Präpositionen können mit dem nachfolgenden Artikel verschmelzen.	am (an dem) – beim (bei dem) – zum (zu dem)
Mithilfe von Präpositionen kann man nähere Angaben zum **Ort** (1), zur **Zeit** (2), zum **Grund** (3) und zur **Art und Weise** (4) machen.	Das Buch liegt **unter** dem Stuhl. (1) Wir treffen uns **vor** dem Fußballspiel. (2) Ich sage es **zu** deiner Information. (3) Du hast es **gegen** meinen Willen getan. (4)
Konjunktionen (Bindewörter) verbinden Wörter, Wortgruppen und Sätze miteinander.	
■ **Nebenordnende** (beiordnende) Konjunktionen verbinden gleichrangige Sätze, Wörter oder Wortgruppen. Diese Konjunktionen reihen Wörter, Wortgruppen oder Sätze aneinander, geben Gegensätze und Einschränkungen oder einen Grund an.	und – sowie – oder – sowohl ... als auch aber – (je)doch – trotzdem denn – deshalb
■ **Unterordnende** Konjunktionen verbinden einen Nebensatz mit einem Hauptsatz. Sie leiten Aussagen zur Zeit, zum Grund, zum Zweck, zu Bedingungen oder zu Einschränkungen / Gegensätzen ein.	während – bevor da – weil dass – damit falls – wenn obwohl – obgleich

ÜBUNG 29 **Unterstreiche alle Präpositionen in den Sätzen und löse die fünf „Rätsel“: Was ist jeweils gesucht?**

1. Er trägt ihn auf seinem Rücken:
2. Es steht vor den Kindern:
3. Er liegt unter dem Tisch:
4. Sie sitzen auf den Stühlen:
5. Er steht neben dem Kind:

ÜBUNG 30 **Setze die passenden Präpositionen aus dem Wortspeicher ein. Die Angaben in der Klammer helfen dir dabei.**

aus – durch – ohne – seit – wegen

1. ______ des Feiertags ist das Geschäft geschlossen. (kausal)
2. Ich habe sie bereits ______ mehreren Tagen nicht gesehen. (temporal)
3. Den letzten Anruf hat er ______ der Schweiz getätigt. (lokal)
4. Sie ist ______ mein Wissen verschwunden. (modal)
5. Du wirst deine Leistung ______ stetiges Üben verbessern. (kausal)

ÜBUNG 31 **Jeweils drei Kärtchen gehören zusammen. Male sie in derselben Farbe an.**

Adverbien des Orts | lokal | Wo? Wohin? | Adverbien der Zeit

temporal | Wann? Wie lange? | Adverbien der Art und Weise

modal | Wie? Auf welche Weise? | Adverbien des Grunds

kausal | Warum? Weshalb?

ÜBUNG 32 **Unterstreiche alle Adverbien im Text.**

Der Fuchs und der Ziegenbock (nach Äsop)

Irgendwo fiel ein Fuchs unglücklicherweise in einen tiefen Brunnen, aus dem er sich selbst nicht befreien konnte. Sogleich kam ein durstiger Ziegenbock zum Brunnen, und als er den Fuchs sah, fragte er neugierig, ob das Wasser gut sei. Der Fuchs lud den Ziegenbock freundlich ein herabzukommen. Das tat der Bock gerne, und nachdem er seinen Durst gelöscht hatte, fragte er den Fuchs betroffen, wie sie herauskämen. Der Fuchs nahm ihn beiseite und sprach listig: „Stelle dich auf deine Hinterbeine und stemme die Vorderbeine an die Wand. Ich will schnell über deinen Rücken und deine Hörner klettern und dir sofort heraushelfen." So taten sie es auch. Als der Fuchs oben stand, tanzte er ausgelassen und rief: „Wenn du nur einmal nachgedacht hättest, wärst du nicht hier herabgestiegen, ohne zu wissen, wie du wieder hinauskommst." Freudestrahlend lief er davon.

ÜBUNG 33 **Ordne die in Übung 32 unterstrichenen Adverbien richtig in die Tabelle ein.**

lokal	temporal	modal	kausal

ÜBUNG 34 **Setze jeweils eine passende nebenordnende Konjunktion ein. Die Wörter in der Klammer sagen dir, welche Funktion die Konjunktion haben soll.**

1. Du gehst weg ich bleibe hier. (Aneinanderreihung)
2. Heute gehe ich schwimmen, morgen werde ich joggen. (Gegensatz)
3. Herr Maier ist gegangen, geht ihm nicht gut. (Grund)

ÜBEN

ÜBUNG 35 **Führe die Sätze zu Ende und unterstreiche jeweils die unterordnende Konjunktion. Gib in Klammern an, welche Aussage die Konjunktion jeweils einleitet.**

1. Ich mache meine Hausaufgaben, während meine Schwester mit ihren Puppen spielt. (Aussage zur Zeit)
2. Ich nehme die Schokolade an mich, damit
)
3. Ich werde hier sein, wenn .
   ( )
4. Ich stimme auch dafür, obwohl .
   ( )

WISSEN

Die Funktion von Adverbien im Satz
Adverbien können an mehreren Stellen im Satz stehen und unterschiedliche **Funktionen** übernehmen:

Selbstständiges **Satzglied** (= adverbiale Bestimmung): Das Adverb bezieht sich auf das Verb oder den Satz.	Der Fisch schwamm **möglicherweise** davon.
Attribut, wenn das Adverb sich auf einzelne Wörter oder Wortgruppen bezieht.	Das Haus **rechts** finde ich schön. Hier gibt es **sogar** blaue Rosen.
Innerhalb einer **festen Fügung:** Das Adverb steht bei einer Präpositionalgruppe, die eine Zahlangabe enthält.	Der Zug fährt in **frühestens** zehn Minuten ab.

ÜBUNG 36 **Unterstreiche jeweils das Adverb im Satz. Schreibe dann in der Klammer auf, welche Funktion das Adverb übernimmt.**

1. Möglicherweise zieht ein Gewitter auf. (Satzglied)
2. Wir werden bereits vormittags ankommen. ( )
3. In spätestens zwei Stunden wird er hier sein. ( )
4. So schöne Blumen habe ich noch nie gesehen! ( )

1.5 Pronomen

Wörter, die stellvertretend für ein Substantiv stehen können, werden **Pronomen** (Fürwörter) genannt. Es gibt unterschiedliche Pronomen.

Das **Personalpronomen** (persönliches Fürwort) steht als Stellvertreter für Personen, Gegenstände, Zustände oder Sachverhalte. Es verweist auf den Sprecher, die Sprecherin oder die Sprechenden *(ich, wir)*, auf Angesprochene *(du, ihr)* oder auf jemanden, über den man spricht *(er, sie, es, sie)*. Man unterscheidet zwischen der 1., 2. und 3. Person im Singular und im Plural.

Sabine lacht laut. → **Sie** lacht laut.

	Nom.	Dat.	Akk.
1. P. Sg.:	ich	mir	mich
2. P. Sg.:	du	dir	dich
3. P. Sg.:	er / sie / es	ihm / ihr / ihm	ihn / sie / es
1. P. Pl.:	wir	uns	uns
2. P. Pl.:	ihr	euch	euch
3. P. Pl.:	sie	ihnen	sie

Das **Possessivpronomen** (besitzanzeigendes Fürwort) zeigt an, wem oder zu wem etwas gehört.
Meistens wird es als Begleiter eines Substantivs verwendet. Dann steht es **vor** dem Bezugswort.

Seine Tasche ist schon alt.
Ich habe **mein** Buch verloren.
Euer Haus gefällt mir am besten.

Das **Demonstrativpronomen** (hinweisendes Fürwort) weist auf etwas oder jemanden hin. Die Verwendung von *dieser, diese, dieses* und *jener, jene, jenes* richtet sich nach dem Inhalt: *dieser* weist auf etwas Näheres, *jener* auf etwas Entfernteres hin.

Dieses Mädchen kenne ich.
Ich gebe dir **dieses** Heft.
Nein, ich möchte gerne **jenes** Heft haben, das dort hinten liegt!

Das **Indefinitpronomen** (unbestimmtes Fürwort) verwendet man, wenn über Personen, Sachverhalte, Mengen oder Größen keine näheren Angaben gemacht werden. Zu den Indefinitpronomen gehören zum Beispiel *jemand, man, niemand, jeder, etliche, mehrere.*

Jemand hat meinen Füller genommen.
Man hört ja so **einiges!**
Da hat doch **irgendjemand** gelacht!
Viele haben keine Hausaufgaben.
Ein bisschen was geht immer.

Das **Relativpronomen** leitet einen Nebensatz (Relativsatz) ein. Es richtet sich in seiner Form nach dem Bezugswort. Relativpronomen sind zum Beispiel *der, die, das* und (nur noch selten gebraucht) *welcher, welche, welches.*

Die Turnschuhe, **die** ich gesehen habe, waren pink.
Das Geschäft, **welches** die ausgefallensten Kleider hat, ist geschlossen.
Wer nicht fragt, bleibt dumm.

ÜBUNG 37 **Ersetze die markierten Wörter jeweils durch ein Personalpronomen.**

1. Meine Freundin Tanja und ich machen gemeinsam die Hausaufgaben. Dazu treffen ______ uns jeden Nachmittag.
2. Wo ist Bello? Vor fünf Minuten habe ich ______ noch gesehen!

ÜBUNG 38 **Setze die fehlenden Pronomen aus dem Wortspeicher ein. Schreibe jeweils in die Klammer, um welches Pronomen es sich handelt.**

alle – das – die – dies – diesen – ich – ihre – jemand – meinen – ~~sie~~ – sie

Die ganze Familie Glücklich ist aufgeregt: Morgen fahren sie (Personalpronomen) in Urlaub! Mama Glücklich packt ihre Sommerkleider in den Koffer. ______ (______) musste sie zuerst gründlich abstauben. Die beiden Kinder, ______ (______) nun alt genug sind, packen ______ (______) Taschen selbst. Doch ohne Chaos funktioniert ______ (______) natürlich nicht: „______ (______) hat ______ (______) Badeanzug versteckt!" „Wo ist das Kleid, ______ (______) ______ (______) im letzten Sommer gekauft habe?" Mama Glücklich seufzt. Wie froh ______ (______) sein wird, wenn endlich ______ (______) im Auto sitzen!

ÜBUNG 39 **Setze passende Indefinitpronomen ein.**

______ hat der Prinzessin zwei Rosen geschenkt.

Leider hat noch ______ den Frosch geküsst.

ÜBUNG 40 **Setze die fehlenden Relativpronomen ein.**

1. Ich kenne den Hund, ______ Sabine gebissen hat.
2. Die Wohnung, in ______ wir gezogen sind, liegt in der Südstadt.
3. Ich freue mich auf das Geschenk, ______ ich zum Geburtstag bekomme.

ÜBUNG 41 **Schreibe zu jedem Bild zwei Sätze mit einem Possessivpronomen in dein Heft.**

1.

2.

ÜBUNG 42 **Setze ein passendes Pronomen ein. In der Klammer steht, um welche Art Pronomen es sich handelt.**

1. Wir haben mehrere Hosen in der engeren Auswahl. (Personalpronomen / Indefinitpronomen)
2. ______ hole ______ Sohn gerne vom Kindergarten ab. (Personalpronomen / Possessivpronomen)
3. ______ kann die Liste, ______ Frau Schmitt angefertigt hat, nicht finden. (Personalpronomen / Relativpronomen)
4. ______ hat ______ gesehen. (Indefinitpronomen / Personalpronomen)
5. ______ wollen ______ etwas fragen. (Personalpronomen / Personalpronomen)

Thementest 1

30 Minuten

AUFGABE 1 **Unterstreiche in der Scherzfrage und in der Antwort alle Substantive.**

WAS IST DER UNTERSCHIED ZWISCHEN EINEM BÄCKER UND EINEM TEPPICH? – DER BÄCKER MUSS MORGENS UM HALB VIER UHR AUFSTEHEN, DER TEPPICH KANN LIEGEN BLEIBEN.

AUFGABE 2 **Schreibe alle Substantive aus Aufgabe 1 mit Artikel auf. Bilde zu jedem Substantiv den Plural.**

AUFGABE 3 **Setze passende Modalverben ein.**

1. Nachdem wir die Hausaufgaben gemacht haben, wir ein Eis essen.
2. Ich Vanilleeis essen!
3. Man nicht alles haben!

AUFGABE 4 **Konjugiere die Verben im Präsens.**

	beginnen	helfen	lesen	versprechen
ich	beginne			
du				
er / sie / es				
wir				
ihr				
sie				

AUFGABE 5 **Bilde mit den Verben jeweils das Partizip Präsens und das Partizip Perfekt.**

1. singen:

2. ändern:

AUFGABE 6 **Steigere die Adjektive.**

Positiv	**Komperativ**	**Superlativ**
gut		
hoch		
viel		
weise		

AUFGABE 7 **Jeweils zwei Kärtchen gehören zusammen. Male sie in derselben Farbe an.**

Personalpronomen | wir | Possessivpronomen | dein

Demonstrativpronomen | dieses | Indefinitpronomen

etliche | Relativpronomen | der

AUFGABE 8 **Unterstreiche die Adverbien in den Sätzen. Schreibe in die Klammern, um welche Adverbien es sich handelt.**

1. Ich habe montags Tennistraining. (temporal)
2. Oma hat sich besonders fein gemacht. ( )
3. Dein Roller steht draußen. ( )
4. Ich bin jetzt erst aufgestanden, darum bin ich so fit. ( )

AUFGABE 9 **Schreibe die Sätze ab und setze die Verben in die richtige Zeit (ins Präteritum oder ins Plusquamperfekt).**

1. Nachdem ich den Horrorfilm (sehen), (bekommen) ich Angst.

   .

2. Als Tim das Geschenk bereits (kaufen), (kommen) seine Schwester, um ihn zu begleiten.

   .

AUFGABE 10 **Schreibe die Sätze im Aktiv auf.**

1. Die Kette wurde von einem Dieb gestohlen.

2. Das Aquarium wird von Hans gesäubert.

AUFGABE 11 **Schreibe jeweils Kasus, Genus und Numerus des rot markierten Substantivs auf.**

1. Und hier sehen Sie den Käfig des Vogels.

   Kasus: Genus: Numerus:

2. Klaus verspricht der Mutter, eine gute Note zu schreiben.

   Kasus: Genus: Numerus:

AUFGABE 12 **Setze eine passende unterordnende Konjunktion ein. Die Wörter in der Klammer sagen dir, welche Funktion die Konjunktion haben soll.**

1. Wir richten uns Brote, wir unterwegs etwas essen können. (Zweck)
2. Ich mag dich, du manchmal etwas zickig bist. (Einschränkung)
3. Er kocht das Essen, sie die Wohnung aufräumt. (Zeit)
4. Ich gehe mit, du das möchtest. (Bedingung)
5. Sie ist traurig, ihr Hamster krank ist. (Grund)

Thementest 2

30 Minuten

AUFGABE 13 **Verbinde jeweils Wort und Erklärung.**

Personalpronomen	leiten einen Nebensatz ein.
Possessivpronomen	weisen auf etwas oder jemanden hin.
Demonstrativpronomen	stehen als Stellvertreter für Personen, Gegenstände, Zustände oder Sachverhalte.
Indefinitpronomen	zeigen an, wem oder zu wem etwas gehört.
Relativpronomen	verwendet man, wenn über etwas keine näheren Angaben gemacht werden.

AUFGABE 14 **Schreibe unter die verschiedenen Arten von Pronomen in Aufgabe 13 jeweils drei Beispiele.**

AUFGABE 15 **Welche Wörtchen fehlen? Setze ein.**

1. Mein Onkel ist ebenso reich ______ mein Opa.
2. Anna ist jünger ______ ihr Bruder.

AUFGABE 16 **Unterstreiche die Präpositionen im Satz. Kennzeichne dann, welche näheren Angaben mithilfe der Präposition jeweils gemacht werden.**

1. Morgen gehe ich nicht in die Schule. (Ort / Zeit / Grund / Art und Weise)
2. An diesem Tag werde ich achtzehn. (Ort / Zeit / Grund / Art und Weise)
3. Wegen des Feiertags sind die Geschäfte zu. (Ort / Zeit / Grund / Art und Weise)
4. Sie hat es ohne mein Einverständnis getan. (Ort / Zeit / Grund / Art und Weise)

AUFGABE 17 **Unterstreiche jeweils die Verbformen im Satz. Schreibe in die Klammer, in welcher Zeitform sie stehen.**

1. Wir werden dir einen Hund kaufen. ( )
2. Gestern habe ich Glück gehabt! ( )
3. Das Auto krachte mit einer Straßenbahn zusammen. ( )
4. So gehst du mir nicht aus dem Haus! ( )

AUFGABE 18 **Setze in die folgenden Sätze die richtigen Formen ein.**

LAUFEN - SCHWIMMEN - REITEN

1. Das erfordert eine gute Kondition, besonders wenn man sich entschließt, mehrere Kilometer zu .
2. Viele Leute in ihrer Freizeit, weil das für sie besonders entspannend ist.
3. Für das ist eine gute Beziehung zu Pferden wichtig. Wer Pferde nicht mag, wird nie richtig können.

AUFGABE 19 **Unterstreiche die Verbformen in den Sätzen. Forme die Sätze dann in die Zeitform Futur II um.**

1. In zwei Monaten werden wir unsere große Reise machen.

.

2. Der Kleine wird ohne Schwimmflügel schwimmen.

.

AUFGABE 20 **Schreibe das Verb jeweils im Präteritum auf.**

1. beginnen: es
2. gelten: er
3. leiden: wir
4. schnauben: ihr

TESTEN

AUFGABE 21 **Schreibe die Sätze im Passiv auf.**

1. Der Lehrer wischt die Tafel.

2. Sie werden ein Gedicht lesen.

3. Oma putzte den Boden.

AUFGABE 22 **Unterstreiche die Adjektive im Satz. Schreibe dann in Klammern auf, in welcher Funktion sie jeweils verwendet wurden.**

1. Ich werde mein altes Motorrad verkaufen. (Verwendung: attributiv)
2. Sie ist hübsch. (Verwendung:)
3. Die Sonne scheint hell. (Verwendung:)
4. Du Glückliche! (Verwendung:)

AUFGABE 23 **Führe die Sätze zu Ende, indem du nebenordnende Konjunktionen verwendest. Denke an die Zeichensetzung!**

1. Am Wochenende werde ich meine Oma besuchen

2. Ich kann mich nicht mit dir treffen

AUFGABE 24 **Setze Substantiv und Artikel in der Klammer im richtigen Fall in die Lücken ein.**

1. Wir werden auf (der Postbote) warten.
2. Die Tasche (die Lehrerin) stand im Flur.
3. Die Kleine hat das Gesicht (ein Engel).
4. Wir fahren mit (das Schiff).

2 Die Satzglieder und das Prädikat

2.1 Satzglieder erkennen

Ein Satz besteht aus einzelnen Bausteinen, den **Satzgliedern.**
Diese Satzglieder sind in der Regel diejenigen Teile des Satzes, die man als selbstständige Teile verschieben kann. Ein Satzglied kann
- aus einem **einzelnen Wort** bestehen,
- aus einer **Wortgruppe** bestehen.

Heute Nachmittag / treffen / wir / unsere Clique / an der Eisdiele.

Der jüngste Rennfahrer / gewann / das Autorennen / mit großem Vorsprung.

Sie / geht / jetzt / heim.
Die Frau / geht / gerade jetzt / nach Hause.

Um festzustellen, welche Wörter zusammengehören und ein Satzglied bilden, gibt es zwei **Methoden:**

- **Umstell- oder Verschiebeprobe:**
Die Teile eines Satzes werden umgestellt, ohne dass sich der Sinn des Satzes verändert. Dies kann man mehrmals tun. Die Teile eines Satzes, die auch dann zusammenbleiben, wenn der Satz umgestellt wird, bilden jeweils ein Satzglied.
Achtung: Die Wörter dürfen in ihrer Form nicht verändert werden und der Satz muss weiterhin sinnvoll und vollständig sein!

Begeistert / belegen / Maria und Laura / eine große Pizza / mit vielen Pilzen.

Mit vielen Pilzen / belegen / Maria und Laura / begeistert / eine große Pizza.

Eine große Pizza / belegen / Maria und Laura / begeistert / mit vielen Pilzen.

- **Ersatzprobe:**
Ein Satzglied kann man durch andere Wörter oder Wortgruppen *ersetzen.* Wenn man überlegt, welches Wort bzw. welche zusammengehörenden Wörter ersetzt werden können, dann findet man heraus, welches Wort bzw. welche Wörter ein Satzglied bilden.
Achtung: Ein Satzglied kann immer nur durch ein anderes Satzglied der gleichen Art ersetzt werden. Es muss aber nicht denselben Inhalt haben.

Justus und seine Freunde / gehen / jeden Samstag / in den Zoo.
Sie / gehen / jeden Samstag / in den Zoo.
Justus und seine Freunde / laufen / jeden Samstag / in den Zoo.
Justus und seine Freunde / gehen / am Wochenende / in den Zoo.
Justus und seine Freunde / gehen / jeden Samstag / in den Tierpark.
Justus und seine Freunde / gehen / jeden Samstag / ins Kino.

ÜBUNG 1 **Setze die passenden Satzglieder aus dem Wortspeicher in die Sätze ein.**

am Eingang der Höhle – an den Spuren – ~~auf die Jagd~~ – Da – die List – Die Tiere – fragte – fraß – in eine Höhle – überlegte

Ein alter Löwe konnte nicht mehr auf die Jagd gehen. So ___ er sich eine List. Er ging ___ und tat so, als ob er krank sei. ___ kamen ihn besuchen. Der Löwe ___ diejenigen, die zu ihm in die Höhle kamen. ___ kam der Fuchs. Er erkannte ___ und blieb ___ stehen. Der Löwe ___: „Warum kommst du nicht herein?" Der Fuchs antwortete: „Ich sehe ___, dass viele hineingehen, aber keiner herauskommt."

ÜBUNG 2 **Die Satzglieder einiger Zitate sind durcheinandergepurzelt. Setze sie wieder richtig zusammen. Kennzeichne dann die Satzglieder mit einem Schrägstrich.**

ist | Der Weg | das Ziel

1. *Konfuzius:* Der Weg / ist /

ein großer Papierkorb | Die Basis einer gesunden Ordnung | ist

2. *Kurt Tucholsky:*

jedes Angebot | prüfe | Ich | könnte | Es | das Angebot meines Lebens | sein

3. *Henry Ford:*

ÜBUNG 3 **Kennzeichne alle Satzglieder durch Schrägstriche. Stelle dann jeden Satz zweimal um.**

1. Der Sturm pfeift laut um das Haus.

   Laut

2. Der Wind reißt die Balkonpflanzen aus ihren Töpfen.

3. Morgen müssen wir das Chaos beseitigen.

ÜBUNG 4 **Durch welche Satzglieder kannst du das rot markierte Satzglied ersetzen? Streiche alle falschen Vorschläge durch.**

nach Hause | eine Zeitschrift | lesen

1. Pedro / möchte / ein Buch / aus dem Bücherregal.

nicht | schnell | auf einen Stuhl

2. Dazu / klettert / er / auf einen Hocker.

ÜBUNG 5 **Ersetze die rot markierten Satzglieder jeweils durch ein anderes Satzglied der gleichen Art.**

1. Die Schüler der Klasse 5 c befinden sich mit ihrem Lehrer an der Ostsee.

2. Dort fahren sie oft mit den Fahrrädern durch die schöne Landschaft.

3. Am Abend sind alle Schüler ganz schön müde.

2.2 Das Subjekt und das Prädikat

Das **Subjekt** ist der Satzgegenstand und wird mit ***wer?*** oder ***was?*** erfragt.
Es bezeichnet die Person oder die Sache, von der das Geschehen ausgeht oder zu der der Zustand gehört.
Das Subjekt kann aus einem oder mehreren Wörtern bestehen und steht immer im Nominativ (1. Fall).

Der Verkäufer verdrehte die Augen.
(*Wer* verdrehte die Augen?)

Die Frage *wer?* verwendet man bei Personen. Die Frage *was?* verwendet man bei Sachen, Stoffen und Materialien.

Der Mülleimer kippte um.
(*Was* kippte um?)

Das **Prädikat** (Satzaussage) ist der wichtigste Teil des Satzes. Es drückt aus, was jemand oder etwas ist, was geschieht oder was jemand tut.

Der Schüler **redet.**
(Was tut der Schüler?)

Am Prädikat erkennt man auch, **wann** etwas geschieht oder getan wird.

Der Schüler **redete.**
Der Schüler **wird reden.**

Das Prädikat besteht

- entweder nur aus der **finiten Verbform** (Personalform) (↑ Kap. 1.2)

Vater **arbeitet** im Garten.

- oder aus einer **mehrteiligen Verbform.** Dann kommen zu der Personalform noch Prädikatsteile (Infinitiv und / oder Partizip) hinzu. In diesem Fall spricht man von einer **Verbklammer**, weil das Prädikat einen Teil des Satzes umklammert. Die Verbklammer kann auch aus einem Verb mit trennbarem Verbzusatz bestehen.

Vater **hat** im Garten **gearbeitet.**
Vater **wird** im Garten **gearbeitet haben.**

Die Sonne **geht** gleich hinter den Bergen **auf.**

Im **Aussagesatz** und in der **Ergänzungsfrage** steht die Personalform des Prädikats immer an der zweiten Satzgliedstelle.

Wir **gehen** morgen schwimmen.
Wann **gehen** wir endlich schwimmen?

In der **Entscheidungsfrage** und im **Aufforderungssatz** steht die Personalform an erster Satzgliedstelle.

Gehen wir morgen schwimmen?
Schwimm mal zum Rand.

Ein vollständiger Satz besteht mindestens aus dem Subjekt und dem Prädikat.
Mit der Weglassprobe kann man den sogenannten **Kernsatz** herausfinden, indem man alle Wörter wegstreicht, die für einen grammatisch korrekten Satz nicht unbedingt nötig sind.

Ich lasse (jetzt aus diesem Satz so viele Wörter wie möglich) **weg.**

WISSEN

ÜBUNG 6 **Setze das passende Prädikat aus dem Wortspeicher in gebeugter Form im Präsens in die Sätze ein.**

anbieten – ~~aufführen~~ – einladen – geben – proben – schlüpfen – sein – spielen – verkleiden

Die Schüler der Klasse 5 führen ein Theaterstück auf . Dazu ___ sie alle Eltern und Lehrer ___ . Sie ___ bereits seit Wochen. Klassensprecher Theo ___ die Hauptrolle: einen bösen Zauberer, der sich im Märchenwald verirrt hat. Die kleine Lilly ___ sich als gute Fee, die aus dem bösen Zauberer zum Schluss einen guten Zauberer macht. Dann ___ es noch Marvin, den Zwerg, und Melissa, die in ein Fliegenpilzkostüm ___ .

Für einen schönen Abend ___ die Klasse außerdem verschiedene Getränke und kleine Essenshäppchen ___ . Und natürlich noch vieles mehr! Doch das ___ eine Überraschung.

ÜBUNG 7 **Stelle die Frage nach dem Subjekt. Unterstreiche das Subjekt dann mit roter Farbe.**

1. Das Fahrrad ist leider kaputt.

Frage: Was ist leider kaputt? – Das Fahrrad.

2. Die kleine Katze Tinka spielt auf der Wiese.

Frage:

3. Morgen besucht mich mein bester Freund.

Frage:

4. Das ferngesteuerte Auto funktioniert prima.

Frage:

ÜBUNG 8 **Welches Satzglied ist das Prädikat? Unterstreiche es mit blauer Farbe. Wenn du alles richtig gemacht hast, ergeben die Wörter in den Klammern einen Zungenbrecher.**

1. Tante Gerda (Juli) spricht (Jäger) mit Thomas (Joghurt).
2. Robert (Jeans) hofft (Jakob) auf besseres Wetter (Jäger).
3. Die Großeltern (Jammer) schlafen (jagt) schon (jetzt).
4. Verstehst (in) du (vor) mich?
5. Warum (Jakob) wünschst (Japan) du (Jasmin) dir (jung) einen Hund?
6. Gib (einen) mir (die) den Ball (den)!
7. Lilly (Jagd) trinkt (Jaguar) gerne (Jurist) Limonade (Jupiter).

Jäger						
1	2	3	4	5	6	7

ÜBUNG 9 **Setze die fehlenden Subjekte ein und unterstreiche diese mit roter Farbe.**

Selina wird gleich abgeholt, um ins Ferienlager zu fahren.

(wer?) ist schon ganz aufgeregt. (was?) ist bereits gepackt.

(wer?) hofft, dass sie nichts vergessen hat.

(wer?) kläfft schon seit heute Morgen. Auch

(wer?) spürt die Aufregung, die in der Luft liegt. Da fährt

(was?) vor. Nun heißt es Abschied nehmen.

(wer?) gibt ihren Eltern einen dicken Kuss.

(wer?) schleckt ihr mit der Zunge über das ganze Gesicht. Iiih!

ÜBUNG 10 **Führe die Weglassprobe durch, indem du alle Wörter streichst, die nicht zum Kernsatz gehören. Schreibe den Satz dann nochmals auf.**

1. Die Tierpflegerin freut sich sehr auf die neuen Hunde.

   Die Tierpflegerin

2. Im nächsten Jahr werden wir um die ganze Welt reisen.

3. Peter schlief sehr gut in seinem neuen Bett.

ÜBUNG 11 **An welcher Stelle im Satz steht die finite Verbform? Kreuze an.**

	1. Satzgliedstelle	2. Satzgliedstelle
1. Komm sofort hierher!	☐	☐
2. Wozu brauchst du das?	☐	☐
3. Gehst du zu ihm?	☐	☐
4. Ich beschreibe dir den Weg.	☐	☐

ÜBUNG 12 **Unterstreiche das Prädikat im Satz mit blauer Farbe. Denke daran, dass das Prädikat auch aus mehreren Teilen bestehen kann.**

1. In zwei Wochen wirst du deine Operation bereits überstanden haben.
2. Kehren deine Großeltern bald wieder zurück?
3. Das Huhn hat bereits Eier gelegt.

ÜBUNG 13 **Schreibe zu dem Bild einen Satz auf. Unterstreiche dann das Subjekt mit roter Farbe und das Prädikat mit blauer Farbe.**

ÜBUNG 14 **Unterstreiche in der Fabel nach Phädrus in jedem Satz die Subjekte mit roter Farbe und die Prädikate mit blauer Farbe.**

Der Fuchs und der Rabe

Ein Rabe stahl an einem offenen Fenster ein Stück Käse. Er flog damit auf einen hohen Baum. Der Fuchs erblickte ihn. Sofort begann er zu reden. „Lieber Rabe, dein Gefieder glänzt so herrlich! Deine Gestalt ist so anmutig! Und dein Gesicht sieht so hübsch aus! Doch singen kannst du leider nicht!“

Der dumme Rabe fiel auf das Gerede des schlauen Tieres herein. Er wollte dem Fuchs seine Gesangskünste zeigen. Deshalb öffnete er den Schnabel.

Sofort fiel sein Stück Käse herab. Dieses schnappte schnell der Fuchs.

Nun merkte der Rabe den Betrug. Er stöhnte laut über seine eigene Dummheit.

2.3 Die Objekte

Oftmals reicht es nicht aus, zu sagen, wer handelt oder was geschieht. Man will auch wissen, auf wen oder auf was sich ein Geschehen bezieht. Eine solche Ergänzung nennt man **Objekt.**

Lisa schreibt. Lisa schreibt **einen Brief.**

Sören spielt. Sören spielt **mit dem Ball.**

Ein Objekt kann aus mehreren Wörtern und unterschiedlichen Wortarten bestehen.

Sie bemitleidet **ihn.**
Sie bemitleidet **ihren Bruder.**

Ein Satz kann mehrere Objekte haben. Das Verb bestimmt, wie viele und welche Ergänzungen notwendig sind, damit ein vollständiger Satz entsteht.

Lisa schreibt / **ihrem Opa / einen Brief.**
Mika gibt / **seiner Schwester / den Ball**.

Das Akkusativobjekt

Das **Akkusativobjekt** erfragt man mit ***wen?*** oder ***was?***

Wir besuchen **die Tante.**
Wen besuchen wir? Die Tante.

Das Dativobjekt

Das **Dativobjekt** erfragt man mit ***wem?***

Die CD gehört **meiner Schwester.**
Wem gehört die CD? Meiner Schwester.

Das Genitivobjekt

Das **Genitivobjekt** erfragt man mit ***wessen?*** Es wird heute nur noch selten gebraucht.

Wir gedenken **seines Bruders.**
Wessen gedenken wir? Seines Bruders.

Das präpositionale Objekt

Das **präpositionale Objekt** (Objekt mit Präposition) erfragt man z. B. mit ***auf was?, mit was?, über wen?, von wem?, zu wem?*** Man erkennt es daran, dass das Fragewort allein nicht ausreicht, um festzustellen, welche Wörter bzw. Wortgruppen zusammengehören. Man braucht zusätzlich eine Präposition (*auf, über, von* ...; ↑ Kap. 1.4).

Wir reisen **mit der Bahn** an.
Womit / ***mit*** *was* reisen wir an? **Mit** der Bahn.

Er wartet **auf seine Freundin.**
Auf *wen / was* wartet er? **Auf** seine Freundin.

ÜBUNG 15 **Stelle die Frage nach dem Akkusativobjekt. Unterstreiche dann das Akkusativobjekt im Satz.**

1. Der Polizist füttert seinen Polizeihund.
   Frage: Wen füttert der Polizist? – Seinen Polizeihund.
2. Die Tante verspricht ihrer Nichte ein Haustier.
   Frage:
3. Der Lehrer erklärt dem Schüler die Aufgabe.
   Frage:
4. Die Familie besucht im Urlaub ihre Verwandten.
   Frage:

ÜBUNG 16 **Setze die fehlenden Dativobjekte in der richtigen Form ein.**

1. Lasse gibt dem Kater (der Kater) eine Schale Wasser.
2. Die Polizei begegnet zufällig (der Dieb).
3. Der Arzt hilft (der Verwundete).
4. Die Musik gefällt (das Baby).
5. Die Zuschauer applaudieren (der Clown).
6. Das Bild missfällt (der Künstler).
7. Der Chef wünscht (sein Angestellter) viel Glück.

ÜBUNG 17 **Bei welchem Satzglied handelt es sich um das Dativobjekt? Stelle zuerst die Frage und unterstreiche dann das richtige Satzglied.**

1. Die Oma / liest / ihrem Enkel / eine Geschichte / vor.
2. Die Verkäuferin / gibt / der Kundin / das bestellte Buch.
3. Dana / läuft / ihrem Hund / mit der Leine in der Hand / hinterher.
4. Der Richter / glaubt / dem Angeklagten / nicht.
5. Ein Haarband / schenkt / Dennis / seiner Freundin.
6. Seinem Lehrer / erzählt / Adam / eine haarsträubende Geschichte.

ÜBUNG 18 **Setze passende präpositionale Objekte ein.**

1. Peter sitzt auf dem Stuhl.
2. Paula stolpert .
3. Der kleine Hund freut sich .
4. Ich zweifle .
5. Der nette Junge fragte .

ÜBUNG 19 **Setze die Unsinnsätze wieder richtig zusammen, übertrage die Tabelle unten in dein Heft und ordne die Satzglieder richtig ein.**

1. ~~Der Busfahrer~~ / bedeckt / der Braut / einen frischen Irokesenschnitt.
2. Der Landwirt / kürzt / ~~einen Doppeldecker~~ / das Hochzeitskleid.
3. Der Bäcker / schneidet / den Pferden / ~~durch die Großstadt~~.
4. Der Friseur / ~~lenkt~~ / das Dach / eine große Torte.
5. Der Dachdecker / backt / dem Punker / frisches Heu.
6. Der Schneider / gibt / für das Geburtstagskind / mit blauen Ziegeln.

Subjekt	Prädikat	Dativobjekt	Akkusativobj.	präposit. Obj.
Der Busfahrer	lenkt		einen Doppeldecker	durch die Großstadt.

Fortsetzung der Tabelle im Übungsheft.

ÜBUNG 20 **Um welches Objekt handelt es sich bei dem rot markierten Satzglied jeweils? Schreibe auf die Linie.**

1. Bereits seit Jahren nimmt Herr Schröder an Preisausschreiben teil. ( )
2. Gestern gewann er einen Hauptpreis! ( )
3. Dies wurde ihm telefonisch mitgeteilt. ( )
4. Herr Schröder kann sein Glück kaum fassen. ( )
5. Sofort ruft er alle seine Freunde an. ( )
6. Diese freuen sich mit ihm. ( )
7. Herr Schröder lädt sie zum Pizzaessen ein. ( )

ÜBUNG 21 **Trenne alle Satzglieder durch einen Schrägstrich voneinander. Frage dann nach dem Genitivobjekt und unterstreiche es.**

1. Der Opa / bedurfte / der Hilfe des Sanitäters.

   Frage: Wessen bedurfte der Opa? – Der Hilfe des Sanitäters.

2. Leon nahm sich des kleinen Vogels an.

   Frage:

3. Schnell entledigte sich der Obdachlose seiner ungeliebten Kleider.

   Frage:

4. Ich erinnere mich des tragischen Unglücks.

   Frage:

ÜBUNG 22 **Um welches Satzglied handelt es sich jeweils bei *Freiheit?* Kreuze an (S = Subjekt, GO = Genitivobjekt, DO = Dativobjekt, AO = Akkusativobjekt).**

	S	GO	DO	AO
1. *Freiheit* ist für die meisten Menschen ein hoher Wert.	☐	☐	☐	☐
2. Der König schenkte seinem Diener die *Freiheit*.	☐	☐	☐	☐
3. Jeder Mensch bedarf seiner *Freiheit*.	☐	☐	☐	☐
4. *Freiheit* ist nicht selbstverständlich.	☐	☐	☐	☐
5. Viele Menschen müssen sich ihre *Freiheit* erst erkämpfen.	☐	☐	☐	☐
6. Durch die Bedürfnisse aller wird der *Freiheit* des Einzelnen eine Grenze gesetzt.	☐	☐	☐	☐

ÜBUNG 23 **Kennzeichne alle Satzglieder durch Schrägstriche. Unterstreiche dann das Subjekt rot, das Prädikat blau, das Dativobjekt grün, das Akkusativobjekt orange und das Genitivobjekt violett.**

1. Die Post liefert Frau Maier das Paket mit dem großen Postwagen.
2. Der Dieb harrte der Ankunft der Polizei.
3. Die Party auf dem Schiff hatte für alle ein jähes Ende.
4. Gustav bringt den Hamster zu seinem Freund.

ÜBEN

2.4 Die adverbiale Bestimmung und das Attribut

Adverbiale Bestimmungen

Ein weiteres Satzglied ist die adverbiale Bestimmung bzw. Ergänzung. Sie macht nähere Angaben zu einem Sachverhalt oder zu den Umständen und antwortet auf Fragen wie ***wann?, wie lange?, wo?, wie?***. Adverbiale Bestimmungen tragen zur Genauigkeit der Informationen bei.

Adverbiale Bestimmungen der Zeit und Zeitdauer (Temporaladverbiale)	
▪ geben Auskunft über den Zeitpunkt, die Wiederholung oder die Dauer,	**Abends** spielen wir Karten.
▪ können mit den Fragewörtern ***wann?, wie oft?, wie lange?, seit wann?, bis wann?*** erfragt werden,	**Nach drei Tagen** konnte ich endlich wieder laufen.
▪ werden häufig mit Präpositionen wie ***nach, bis, seit, vor*** und ***während*** eingeleitet.	**Vor einem Jahr** ist der Unfall passiert. **Bis gestern** hat es ständig nur geschneit.
Adverbiale Bestimmungen des Ortes (Lokaladverbiale)	
▪ geben Auskunft über den Ort, die Richtung, die Herkunft,	**Zwischen diesen beiden Bäumen** möchte ich eine Hängematte haben.
▪ können mit den Fragewörtern ***wo?, wohin?, woher?, wie weit?*** erfragt werden,	Wir können **auf dem Rasen** Fußball spielen.
▪ werden häufig mit Präpositionen wie ***in, auf, unter, dort, über, von, zwischen*** oder ***bis*** eingeleitet.	Unser Grundstück reicht **bis zur Mauer.**
Adverbiale Bestimmungen des Grundes (Kausaladverbiale)	
▪ geben Auskunft über den Grund eines Sachverhaltes bzw. Geschehens,	**Wegen des schlechten Wetters** konnten wir gestern nicht kommen.
▪ können mit den Fragewörtern ***warum?, weshalb?*** erfragt werden,	Ich habe ihm **aus Mitleid** geholfen.
▪ stehen häufig mit Präpositionen wie ***aus, wegen, durch.***	**Durch die Verspätung des Fluges** hat sich unser ganzes Programm verschoben.

Adverbiale Bestimmungen der Art und Weise (Modaladverbiale)

- geben Auskunft über die Beschaffenheit und Intensität eines Sachverhaltes oder Geschehens,
- können mit den Fragewörtern ***wie?***, ***wie viel?***, ***wie sehr? auf welche Weise?***, ***woraus?*** erfragt werden.

Ganz außer Atem kam ich an.

Ich rede **gewöhnlicherweise** nicht so viel.

Voll Eifer ging sie ans Werk.

Adverbiale Bestimmung und präpositionales Objekt

Um die adverbiale Bestimmung nicht mit einem präpositionalen Objekt zu verwechseln, muss man ganz genau auf die Fragestellung achtgeben:

- Nach der adverbialen Bestimmung fragt man mit den jeweiligen Fragewörtern.

Die Schüler stehen **auf dem Schulhof.**
Frage: ***Wo*** *stehen sie?*
(Präposition ist in der Fragestellung vermeidbar, also **adverbiale Bestimmung**)

- Das präpositionale Objekt wird von dem Verb bestimmt, von dem es abhängt. Die entsprechende Präposition erscheint dann auch in der Fragestellung.

Der Lehrer beharrt **auf seinem Standpunkt.**
Frage: *Wor**auf** / **Auf** was beharrt er?* (Präposition taucht in der Fragestellung auf, also **präpositionales Objekt**)

Die Attribute

Das Attribut ist **kein** selbstständiges Satzglied. Es ist eine Beifügung zu einem Substantiv und bleibt bei der Ersatz- oder Umstellprobe immer mit seinem Bezugswort verbunden. Dabei kann es vor oder hinter seinem Bezugswort stehen.
Das Attribut erläutert die besonderen Merkmale einer Person oder Sache.
Es gibt Antworten auf Fragen, die mit ***welcher?***, ***welches?***, ***was für ein(e)?*** eingeleitet werden.

Ich habe einen **bunten** Vogel gesehen.
(*Was für einen Vogel habe ich gesehen?* Einen bunten.)
Der Eigentümer **dieses Hauses** ist sicher sehr reich.
(*Welcher Eigentümer ist sicher sehr reich?* Der dieses Hauses.)

Es gibt verschiedene Formen des Attributs, unter anderem:

- Adjektivattribut, — Der **junge** Mann ist mein Lehrer.
- Genitivattribut, — Beppo war der Star **des Abends.**
- präpositionales Attribut, — Ich nehme das Kleid **mit der Spitze.**
- als Attribut verwendetes Pronomen, — **Mein** Kleid ist das schönste.
- Apposition als Attribut. — Frau Raub, **unsere Lehrerin,** ist krank.

ÜBUNG 24 **Ordne die rot hervorgehobenen adverbialen Bestimmungen in die Tabelle ein.**

Till Eulenspiegel (nach Hermann Bote)

Einstmals wanderte Till Eulenspiegel nach Bayreuth, wo er zur Mittagszeit hungrig in eine Gaststätte einkehrte. Wegen seiner Geldnot spielte Till Eulenspiegel dem dummen Wirt einen Streich. Zunächst bestellte er freundlich ein Glas Wein. Gleich darauf rief er ihn zurück und sprach aus purer Schalkheit: „Herr Wirt, holt mir dafür ein Paar Würstchen." Der Wirt brachte schnell das Gewünschte. Till Eulenspiegel aß die Würstchen genüsslich auf und wollte nach dem Mahl das Lokal verlassen. Der Wirt hielt ihn aber an der Tür zurück und rief ärgerlich: „Zuerst zahlt Ihr mir die Würstchen!" „Eure Würstchen zahle ich nicht", antwortete Till rasch, „denn ich habe euch gut mit dem Glas Wein entlohnt." „Das habt ihr auch nicht bezahlt!", rief der Wirt voller Zorn. „Das habe ich ja auch nicht getrunken", antwortete Till gewitzt und ging guten Mutes davon. Der dumme Wirt schaute dem frechen Gast hinterher und hatte an diesem Tag das Nachsehen.

Zeit (wann?)	**Ort** (wo?)	**Grund** (warum?)	**Art und Weise** (wie?)

ÜBUNG 25 **Finde insgesamt sechs adverbiale Bestimmungen der Zeit und unterstreiche sie.**

Bello machte sich in Sekundenbruchteilen los. Sofort rannte er wie wild auf Daniela zu. Diese blickte kurz auf und schloss ihren Hund lange in die Arme. „Nie wieder werde ich so lange verreisen", seufzte sie.

ÜBEN

ÜBUNG 26 **Setze die adverbialen Bestimmungen aus dem Wortspeicher richtig in die Sätze ein. Stelle dann die entsprechende Frage und schreibe auf, um welche adverbiale Bestimmung es sich jeweils handelt.**

aufgrund der vielen Bestellungen – ~~früh am Morgen~~ – in der Backstube – todmüde – voll Tatendrang

1. Früh am Morgen muss der Bäcker seine Arbeit beginnen.
   Frage: Wann muss der Bäcker seine Arbeit beginnen?
   Adv. Best. der Zeit

2. Seine Arbeitskleidung zieht er ________ an.
   Frage:

3. ________ macht er sich an die Arbeit.
   Frage:

4. ________ gibt es an manchen Tagen mehr zu tun.
   Frage:

5. Gegen 10 Uhr hat er Feierabend. Dann fällt er oft ________ wieder in sein Bett.
   Frage:

ÜBUNG 27 **Setze in jeden Satz ein passendes Attribut ein. In der Klammer ist angegeben, um welches Attribut es sich jeweils handeln soll.**

1. Der ________ Laster kippt den Sand auf den Boden. (Adjektivattribut)

2. Der Vogel ________ ist ein Papagei. (präpositionales Attribut)

ÜBEN

ÜBUNG 28 **Trenne alle Satzglieder durch einen Schrägstrich. Unterstreiche dann die adverbialen Bestimmungen und schreibe jeweils darunter, um welche adverbiale Bestimmung es sich handelt.**

1. Zum Schutz des Klimas / sollte / man / einige Dinge / beachten.
   Adv. Best. des Grundes
2. Jeder sollte so oft wie möglich das Auto stehen lassen.
3. Man kann biologisch erzeugte Nahrungsmittel aus der Region kaufen.
4. Die Wäsche wird mit niedriger Temperatur gewaschen.
5. Man kann einige Tage ohne Fleischverzehr auskommen.

ÜBUNG 29 **Adverbiale Bestimmung oder präpositionales Objekt? Stelle zuerst die Frage und entscheide dann.**

1. Herr Schmitz trifft auf einen alten Bekannten.
   Frage: Auf wen trifft er? → Präpositionales Objekt
2. Dieser ist auf dem Weg nach Hause.
   Frage:
3. Die beiden setzen sich noch in ein Café.
   Frage:
4. Herr Schmitz achtet nicht auf die Wasserpfütze.
   Frage:
5. Vor Schreck stößt Herr Schmitz einen kleinen Schrei aus.
   Frage:
6. Zur Beruhigung bestellt er danach ein Stück Torte.
   Frage:
7. Dieses isst er mit einer kleinen goldenen Gabel.
   Frage:

Thementest 1

50 Minuten

AUFGABE 1 **Kennzeichne die einzelnen Satzglieder durch Schrägstriche. Stelle dann jeden Satz zweimal um.**

1. Morgen leihen wir in der Videothek einen schönen Film aus.

2. Dazu besorgen wir uns Chips und Limonade.

AUFGABE 2 **Verbinde jeweils Satzglied und Fragestellung.**

Subjekt	wem?
Prädikat	wessen?
Dativobjekt	wer? was?
Akkusativobjekt	was geschieht?
Genitivobjekt	wen? was?

AUFGABE 3 **Ersetze jeweils das rot markierte Satzglied durch ein anderes Satzglied der gleichen Art. Schreibe den Satz dann nochmals auf.**

1. Die ganze Familie isst im Parkrestaurant.

2. Jedes Jahr macht Frau Schön im selben Land Urlaub.

3. Sabine vermisst ihren Radiergummi.

AUFGABE 4 **Führe die Weglassprobe durch. Schreibe dann den Kernsatz auf.**

1. Mein Vater streicht unser ganzes Haus mit weißer Farbe neu an.

2. Der Mann fotografiert alle Gärten und Parkanlagen.

AUFGABE 5 **Welche adverbiale Bestimmung erfragt man mit den jeweiligen Fragewörtern? Schreibe sie auf die Linie.**

1. Wo? Wohin? Woher? Wie weit?

   Adverbiale Bestimmung des

2. Warum? Weshalb?

3. Wann? Wie oft? Wie lange? Seit wann? Bis wann?

4. Wie? Wie viel? Wie sehr? Auf welche Weise? Woraus?

AUFGABE 6 **Ergänze ein passendes präpositionales Objekt. Unterstreiche dieses dann mit einer beliebigen Farbe.**

1. Gerne denken wir an
2. Ich habe Angst
3. Wir hoffen

AUFGABE 7 **Ergänze die richtigen Formen. Unterstreiche dann das Dativobjekt.**

1. Das Essen schmeckte mein gestreift Katze sehr gut.
2. Wir schreiben unser geliebt Oma eine Postkarte.
3. Ich schenke de neugeboren Baby eine Rassel.

TESTEN

AUFGABE 8 **Unterstreiche alle adverbialen Bestimmungen des Ortes.**

Schnell geht Frau Sperling in die Schule. Heute wäre sie am liebsten im Bett geblieben! Zu Hause hinterlässt sie ein Chaos. Die Brötchen liegen vertrocknet im Backofen. Saftflecken befinden sich auf dem Tisch. Es kann nur besser werden!

AUFGABE 9 **Setze die passenden Objekte aus dem Wortspeicher ein. Bestimme die Objekte, indem du die Abkürzungen dahinterschreibst (GO = Genitivobjekt, DO = Dativobjekt, AO = Akkusativobjekt und PO = präpositionales Objekt).**

alles – des völlig verschüchterten Mädchens – um ihr Leben – mit ihrer Mutter – von den Nationalsozialisten – ihr Vertrauen – an die schlimmen Erlebnisse – ihrem Freund – wenig Zeit – den Auftrag – auf diese schwierige Aufgabe

Naomi ist ____________________ aus Europa geflohen, wo gerade Krieg herrschte. Ihr Vater wurde ____________________ umgebracht, sodass auch Mutter und Tochter ____________________ fürchten mussten. In Amerika sind sie zwar sicher, aber Naomi muss noch oft ____________________ in ihrer Heimat zurückdenken. Der Nachbarsjunge Alan erhält ____________________, sich ____________________ anzunehmen. Zunächst nur widerwillig lässt sich Alan ____________________ ein, denn er ist ein begeisterter Schlagballspieler und hat nur ____________________. Allmählich gewinnt Alan aber ____________________, bis ein schockierendes Ereignis ____________________ wieder infrage stellt. Doch letztlich glaubt Naomi ____________________.

AUFGABE 10 **Um welche Art von Attribut handelt es sich jeweils?**

1. Er wurde vom Krähen des Hahnes geweckt.
2. Der kleine Hamster versteckte sich.
3. Herr Müller, der Hausmeister, fegte den Gehweg.

TESTEN

AUFGABE 11 **Um welche adverbialen Bestimmungen handelt es sich bei den rot markierten Satzgliedern? Schreibe auf die Linie.**

1. Wir wohnen zwischen der Hauptstraße und der Nebeniusstraße.

2. Tränenüberströmt lief das Kleinkind zu seiner Mutter.

3. Die Frau hat es aus ihrer Not heraus getan.

4. Im letzten Jahr lief bei mir vieles schief.

5. Stellt eure Liegestühle doch auf dem Rasen auf!

AUFGABE 12 **Setze in die Sätze ein passendes Genitivobjekt ein.**

1. Sie nahm sich an.
2. Er bedarf nicht.
3. Wir erinnern uns .
4. Ich rühme mich .

AUFGABE 13 **Trenne die Satzglieder mit einem Schrägstrich voneinander. Markiere dann das Subjekt mit roter Farbe, das Prädikat mit blauer Farbe, das Dativobjekt mit grüner Farbe, das Akkusativobjekt mit oranger Farbe und das Genitivobjekt mit violetter Farbe.**

1. Aufgeregt flatterte der Papagei über die Köpfe der Zuschauer.
2. Das Känguru hüpfte durch das Gehege.
3. Viele Besucher bewunderten den Orang-Utan.
4. Die Zooleitung vergrößerte das Becken der Seelöwen.
5. Der kleine Junge erinnert sich seines letzten Besuches.
6. Damals durfte er den Enten trockenes Brot geben.

AUFGABE 14 **Unterstreiche das Attribut im Satz. Schreibe dahinter, um welche Art von Attribut es sich handelt.**

1. Der gemeine Junge hat das Bonbon geklaut.
2. Der Film, ein echter Kassenschlager, gehört Christian.
3. Die Klingel an der Haustür ist kaputt.

AUFGABE 15 **Unterstreiche alle adverbialen Bestimmungen. Schreibe auf die Linie, um welche adverbialen Bestimmungen es sich jeweils handelt.**

1. Aufgrund des Schneetreibens bildete sich ein langer Stau auf der Autobahn.
2. Viele Autos standen quer auf der Straße.
3. Im selben Moment kam ein Sturm auf.
4. Der Wind riss die Ziegel vom Dach.
5. Ängstlich suchten die Menschen Schutz in den Häusern.

AUFGABE 16 **Attribut, adverbiale Bestimmung oder präpositionales Objekt? Schreibe auf die Zeile.**

1. Ich nehme das Heft mit Rand.
2. Ich beharre auf meiner Meinung.
3. Die Uhr am Kirchturm schlug zwölf.
4. Wir haben am Bahnhof gewartet.

TESTEN

3 Der Satz

3.1 Satzarten

Im Deutschen gibt es verschiedene Satzarten. Je nach Sprechabsicht unterscheidet man zwischen **Aussage-**, **Frage-** und **Aufforderungssätzen.**

Die häufigste Satzart ist der **Aussagesatz.** Mit einem Aussagesatz wird ein Sachverhalt dargestellt oder festgestellt.

Tanja hat Halsschmerzen.
Sie lutscht eine Tablette.

In Aussagesätzen steht das finite (gebeugte) Verb an zweiter Satzgliedstelle (↑ Kap. 2.2). Am Ende steht ein **Punkt**.

Bald darauf / **sind** / die Halsschmerzen / verschwunden.

Wenn man etwas erfahren will, was man noch nicht weiß, dann verwendet man den **Fragesatz**. Am Ende eines Fragesatzes steht immer ein **Fragezeichen.**

Wo ist die Katze**?**
Ist sie verschwunden**?**

Bei den Fragesätzen unterscheidet man Entscheidungsfragen (Wortfragen) und Ergänzungsfragen (W-Fragen).

- Bei den **Entscheidungsfragen** steht die Personalform des Verbs an erster Stelle. Der Gesprächspartner kann nur mit „Ja“ oder „Nein“ antworten.

Trinkst du Apfelsaft**?** – Ja. / Nein.
Arbeiten wir zusammen**?** – Ja. / Nein.

- Bei den **Ergänzungsfragen** steht ein Fragewort *(wer, was, wann, wo ...)* an erster Stelle und dahinter erst die Personalform des Verbs. Die Antwort besteht meist aus mehreren Wörtern oder einem ganzen Satz, weil die Antwort über Sachverhalte, Dinge oder Personen informieren soll.

Wer hat meinen Nachtisch gegessen**?** – Ich weiß es nicht. / Es war Mika.

Wieso hast du mich gestern versetzt**?** – Ich habe dich versetzt, weil ich unsere Verabredung vergessen hatte.

Mit dem **Aufforderungssatz** werden Aufforderungen oder Befehle formuliert. Damit richtet sich der Sprecher an eine andere Person. Am Ende des Aufforderungssatzes steht ein **Ausrufezeichen.**

Komm her**!**
Schließt bitte das Fenster**!**

Meistens beginnt der Aufforderungssatz mit der **Befehlsform** (Imperativ) des Verbs oder endet mit dem **Infinitiv** des Verbs.

Nach Gebrauch **verschließen!**
Vor der Benutzung **aufpumpen!**

ÜBUNG 1 **Aussage-, Frage- oder Aufforderungssatz? Kreuze an.**

	Aussage	Frage	Aufforderung
1. Kommst du heute Nachmittag?	☐	☐	☐
2. Wo gehst du hin?	☐	☐	☐
3. Ich gehe mit.	☐	☐	☐
4. Geht bitte mit!	☐	☐	☐

WISSEN +

Interjektionen
Interjektionen (Ausrufe) sind eigentlich keine richtigen Sätze. Stehen sie jedoch allein, dann haben sie Satzcharakter und werden als Ausrufesätze bezeichnet. Diese enden mit einem **Ausrufezeichen.**

Puh!
Hoppla!
Hilfe!
Aua!

ÜBUNG 2 **Setze die passenden Interjektionen aus dem Wortspeicher ein. Denke an die Satzschlusszeichen.**

Gesundheit – Hatschi – Huch – Mist

Robert muss niesen: „ “, dröhnt es laut im Zimmer.

Annika bekommt einen Schreck: „ “, entfährt es ihr.

„ “, rufen die anderen. „Ich habe mich wohl erkältet.

“, denkt Robert.

ÜBUNG 3 **Schreibe die Sätze auf dem Plakat noch einmal auf und setze die fehlenden Satzzeichen.**

ÜBEN

ÜBUNG 4 **Formuliere aus den Aussagesätzen passende Aufforderungssätze, bei denen das Verb im Infinitiv steht.**

1. An der nächsten Kreuzung biegst du links ab. Links abbiegen!
2. Nun bleibst du rechts.
3. Gleich hältst du an.
4. Du öffnest die Autotür.

ÜBUNG 5 **Entscheidungs- oder Ergänzungsfrage? Unterstreiche zuerst die Personalform des Verbs und entscheide dann.**

1. Fährst du mit mir in den Urlaub?
2. Wohin möchtest du denn?
3. Magst du Italien?
4. Wann fliegen wir?

ÜBUNG 6 **Schreibe jeweils einen Aufforderungssatz auf, der zu den Bildern passt.**

ÜBUNG 7 **Setze die fehlenden Satzschlusszeichen.**

Morgen schreiben wir zwei Arbeiten an einem Tag Puh, welch ein Stress Hätte man das nicht besser verteilen können Nun muss ich parallel lernen Wie soll ich mich da nur konzentrieren können Hoffentlich sind bald Ferien

ÜBEN

3.2 Satzformen

Der Hauptsatz

Als **Hauptsatz** bezeichnet man einen Satz, der selbstständig für sich allein stehen kann und von keinem anderen Satz abhängt.

Die Sonne scheint.
Die Sonne scheint heiß vom Himmel.

Er besteht mindestens aus einem **Subjekt** und einem **Prädikat** (↑ Kap. 2.2).

Julia schreibt. (Subjekt und Prädikat)

Zusätzliche Informationen können weitere Satzglieder wie **Objekte** (↑ Kap. 2.3) und **adverbiale Bestimmungen** (↑ Kap. 2.4) liefern. Im Hauptsatz steht die Personalform des Verbs immer an **zweiter Satzgliedstelle.**

Julia schreibt gerade einen Brief. (Subjekt, Prädikat, adverbiale Bestimmung, Objekt)

Peter **trinkt** ein Glas Eistee.
Es **hat** ihm sehr gut geschmeckt.

Der Nebensatz

Als **Nebensatz** (Gliedsatz) bezeichnet man einen Satz, der nicht für sich allein stehen kann, sondern von einem anderen Satz abhängt.

Peter sortiert seine Schuhe aus, **weil sie ihm nicht mehr passen.**

Die gebeugte (finite) Form des Verbs steht immer am Ende des Nebensatzes.

Er kauft sich neue Schuhe, nachdem er Geld von seiner Oma bekommen **hat.**

Nebensätze können dem Hauptsatz **vorangestellt** (1) oder **nachgestellt** (2) oder in ihn **eingeschoben** (3) sein.

Nachdem er sie gekauft hat, führt er seine Schuhe jedem vor. (1)
Er führt seine Schuhe jedem vor, **nachdem er sie gekauft hat.** (2)
Er führt seine Schuhe, **nachdem er sie gekauft hat,** jedem vor. (3)

Ein Nebensatz wird meist durch unterordnende **Konjunktionen** (↑ Kap. 1.4) wie *weil, als, nachdem, dass, indem, während* an den Hauptsatz gebunden und durch ein Komma abgetrennt. Solche Nebensätze werden hinsichtlich ihrer **Form** als **Konjunktionalsätze** bezeichnet.

Der **Relativsatz** ist ein Nebensatz, der durch ein **Relativpronomen** *(der, die, das)* eingeleitet wird. Das Relativpronomen bezieht sich auf ein Wort des Hauptsatzes.

Die Jacke, **die Anita gekauft hat,** ist eine Jacke für den Sommer, **der nun hoffentlich bald kommt.**

Der Relativsatz ist von der Form her also ein **Pronominalsatz.**

Sie wünschte sich ein **Kleidungsstück, das** eine grüne Farbe hat.

Vor dem Relativpronomen im Nebensatz kann eine **Präposition** stehen.

Die Boutique, **in der** Anita die Jacke gefunden hat, ist gleich ums Eck.

Betrachtet man Nebensätze hinsichtlich ihrer **Funktion**, dann entsprechen sie einem Satzglied oder einem Satzgliedteil, z. B. einem **Subjekt**, einem **Objekt** oder einer **adverbialen Bestimmung.**	
Beim **Subjektsatz** nimmt der gesamte Nebensatz die Stelle eines Subjekts ein. Er kann mit *wer?* oder *was?* erfragt werden.	**Wer gelernt hat,** wird sicher eine gute Note bekommen. (Wer wird eine gute Note bekommen?)
Beim **Objektsatz** nimmt der gesamte Nebensatz die Stelle eines Objekts ein. Er wird mit den Fragewörtern *wessen?, wem?, wen oder was?* erfragt.	**Wer mir hilft,** dem helfe ich auch. (Wem helfe ich auch?) Ich möchte nicht, **dass du mir hilfst.** (Was möchte ich nicht?)
Beim **Adverbialsatz** nimmt der gesamte Nebensatz die Stelle einer adverbialen Bestimmung (↑ Kap. 2.4) ein. Es gibt verschiedene Arten von Adverbialsätzen:	
■ **Temporalsatz:** Er gibt Zeitpunkt / Zeitdauer an. Oft wird er durch die Konjunktionen *als, nachdem, während, seit, ehe* oder *bevor* eingeleitet. Man erfragt ihn mit *wann?, bis wann?, seit wann? wie lange?.*	Wir hatten die Hütte erreicht, **bevor der Regen einsetzte.** (Wann hatten wir ...?) **Seit er aus dem Urlaub zurück ist,** hat er jeden Tag gute Laune. (Seit wann hat ...?)
■ **Lokalsatz:** Er gibt den Ort und die Richtung an. Häufig wird er durch Adverbien wie *wo, wohin* oder *woher* eingeleitet. Man erfragt ihn mit *wo?, wohin?, woher?.*	Wir gehen irgendwohin, **wo wir unsere Ruhe haben.** (Wohin gehen wir?)
■ **Kausalsatz:** Er gibt den Grund oder die Ursache einer Handlung oder eines Zustandes an. Häufig wird er durch die Konjunktionen *da* oder *weil* eingeleitet. Man erfragt ihn mit *warum?* oder *aus welchem Grund?.*	Ich muss eine Strafe zahlen, **weil ich zu schnell gefahren bin.** (Warum muss ich eine Strafe zahlen?)
■ **Finalsatz:** Er gibt das Ziel, die Absicht oder den Zweck einer Handlung an. Häufig wird er durch die Konjunktionen *damit* und *dass* oder als Infinitivsatz mit der Infinitivkonjunktion *um* eingeleitet. Man erfragt ihn mit *wozu?, in welcher Absicht?, zu welchem Zweck?.*	Iss nicht so viel Eis, **damit du keine Bauchschmerzen bekommst.** (Wozu soll ich nicht so viel Eis essen?) Wir machen gleich die Hausaufgaben, **um schneller ins Schwimmbad zu kommen.** (In welcher Absicht machen wir gleich ...?)
■ **Modalsatz:** Er gibt die genaueren Umstände einer Handlung an. Häufig wird er durch die Konjunktionen *indem, wobei, dadurch dass* oder *wie* eingeleitet. Man erfragt ihn mit *wie?, wodurch?, mit welchem Mittel?* oder *unter welchen Begleitumständen?.*	Sie startete ihr Training**, indem sie sich aufwärmte.** (Wie startete sie ihr Training?)

ÜBUNG 8 **Setze passende Konjunktionen ein. Denke an die Zeichensetzung. Unterstreiche dann den Hauptsatz mit blauer und den Nebensatz mit roter Farbe.**

1. Im Sportunterricht spielen die Jungen Basketball _______________ die Mädchen Zumba® tanzen.
2. _______________ Jan zu Hause ist, schaltet er den Computer an.
3. Ich esse gerne Obst _______________ ich für die Schule lerne.
4. Ich komme mit _______________ ich keine Pferde mag.

ÜBUNG 9 **In dem Gitterrätsel sind senkrecht, waagerecht und diagonal 10 unterordnende Konjunktionen versteckt. Markiere sie und schreibe sie dann in dein Heft.**

Ö	O	X	A	N	S	T	A	T	T
W	B	B	V	D	N	D	E	K	A
Ä	S	C	W	L	A	N	L	Ä	L
H	O	Ö	P	O	C	K	G	G	S
R	D	O	S	X	H	P	P	Y	M
E	A	B	O	W	D	L	H	T	H
N	S	V	B	D	E	Q	F	L	U
D	S	K	A	A	M	O	I	N	L
U	W	W	L	P	O	E	D	T	Y
U	I	B	D	S	W	T	U	Q	X

ÜBUNG 10 **Erweitere den Hauptsatz jeweils mit einem oder mehreren Objekten und / oder einer adverbialen Bestimmung. Unterstreiche dann die Personalform des Verbs.**

1. Opa schenkt _______________ .
2. Lasse füttert _______________ .
3. Der Schnee fällt _______________ .

ÜBEN

WISSEN

Die Satzreihe

Wenn ein **Hauptsatz** mit einem anderen **Hauptsatz** verbunden ist, dann spricht man von einer **Satzreihe**.

Phillip macht seine Hausaufgaben**,** Jonas hilft ihm.

Die beiden Hauptsätze können entweder nur durch ein **Komma** oder durch ein **Komma und eine nebenordnende Konjunktion** verbunden werden.

Phillip ist froh darüber**, denn** Jonas kann besser rechnen als er.

Achtung: Bei den nebenordnenden Konjunktionen *und* sowie *oder* kann das Komma entfallen.

Bald ist Phillip fertig**(,) und** die beiden gehen mit ihren Skateboards auf die Straße.

ÜBUNG 11 **Verbinde jeweils zwei passende Hauptsätze miteinander. Schreibe sie dann als Satzreihe in dein Heft.**

Die Temperaturen sinken.	Die Adventszeit beginnt.
Es wird früh dunkel.	Es duftet nach Lebkuchen.
In der Küche wird gebacken.	Der erste Schnee fällt.
In den Tassen dampft heißer Tee.	Wir gehen bald ins Bett.

ÜBUNG 12 **Forme die Sätze entsprechend der Anweisung um. Unterstreiche dann die Hauptsätze mit blauer und die Nebensätze mit roter Farbe.**

1. Du solltest dich beeilen, falls du noch etwas essen möchtest.

   Nebensatz eingeschoben: Du solltest dich, falls

2. Tim wollte, als es anfing zu regnen, mit dem Fahrrad losfahren.

   Nebensatz vorangestellt:

3. Indem man den Flaschenöffner benutzt, kann man die Flasche gut öffnen.

   Nebensatz nachgestellt:

ÜBEN

WISSEN +

Das Satzgefüge
Wenn ein **Hauptsatz** mit einem oder mehreren **Nebensätzen** verbunden ist, dann spricht man von einem **Satzgefüge.**

Ich suche mir etwas zum Essen (Hauptsatz), weil ich Hunger habe (Nebensatz).
Ich suche mir (Hauptsatz Teil 1), weil ich Hunger habe (Nebensatz), etwas zum Essen (Hauptsatz Teil 2).

Dabei kann der **Nebensatz an unterschiedlichen Stellen** stehen.

Weil ich Hunger habe (Nebensatz), suche ich mir etwas zum Essen (Hauptsatz).

ÜBUNG 13 **Satzreihe oder Satzgefüge? Kreuze an.**

	Satzreihe	Satzgefüge
1. Der Polizist brüllte laut und er lief dabei rot an.	☐	☐
2. Er war wütend, weil ein Motorrad mit überhöhter Geschwindigkeit an ihm vorbeifuhr.	☐	☐
3. Sollte er ihn verfolgen oder sollte er es lassen?	☐	☐

ÜBUNG 14 **Verbinde jeweils zwei Sätze miteinander, indem du ein Relativpronomen benutzt. Unterstreiche dann den Hauptsatz mit blauer und den Relativsatz mit roter Farbe.**

1. Heute geht Papa mit Lukas in ein Tierheim. Es befindet sich im Ort nebenan.

   Heute geht Papa mit Lukas in ein Tierheim, das

2. Sie halten Ausschau nach einem Hasen. Lukas möchte ihn als Haustier halten.

3. Die Leiterin zeigt ihnen einen braunen Hasen. Er ist riesig.

4. Da bekommt es Lukas mit der Angst zu tun. Eigentlich ist er sehr mutig.

WISSEN

Der indirekte Fragesatz
Der **indirekte Fragesatz** (Interrogativsatz) kann auf einer Entscheidungs- oder Ergänzungsfrage beruhen (↑ Kap. 3.1). Bei Ergänzungsfragen wird der indirekte Fragesatz durch die gleichen Fragepronomen eingeleitet wie der direkte *(was?, wer?, wohin? ...)*. Eine indirekte Entscheidungsfrage wird durch die unterordnende Konjunktion *ob* eingeleitet.
Achtung: Am Schluss des indirekten Fragesatzes steht kein Fragezeichen.

Sara fragt, **wohin** sie gehen.
(„Wohin gehen wir?“)
Anton möchte wissen, **wer** noch dabei ist.
(„Wer ist noch dabei?“)

Ronny erkundigt sich, **ob** Frau Mertens auch mitkommt.
(„Kommt Frau Mertens auch mit?“)

ÜBUNG 15 **Bilde indirekte Fragesätze. Denke an die Zeichensetzung.**

Peter fragt, wie

Carolina will wissen

Und Lisa überlegt

ÜBUNG 16 **Unterstreiche jeweils die Adverbialsätze. Entscheide dann, um welche Art Adverbialsatz es sich handelt. Wenn du alles richtig gemacht hast, erhältst du einen Spruch von Wilhelm Busch (temporal = t; lokal = l; kausal = k; final = f; modal = m).**

	t	l	k	f	m
1. Du kannst gehen, <u>wohin du willst</u>.	(1)	× (3)	(4)	(8)	(9)
2. Er schaute den Lehrer gelangweilt an, wobei er unaufhörlich mit dem Stift auf den Tisch klopfte.	(10)	(4)	(1)	(9)	(7)
3. Ehe ich zu spät komme, sollten wir uns beeilen.	(4)	(8)	(7)	(2)	(13)
4. Ich brauche einen Pass, um in Urlaub zu fahren.	(4)	(2)	(5)	(10)	(9)
5. Da ich gestern sehr spät ins Bett bin, bin ich heute ziemlich müde.	(4)	(10)	(11)	(13)	(7)
6. Ich beginne zu lesen, indem ich das Buch aufschlage.	(7)	(5)	(3)	(9)	(2)
7. Der Gecko flitzt schnell in einen hohlen Baumstamm, wo er in Sicherheit ist.	(13)	(8)	(7)	(11)	(10)
8. Während der Computer hochfährt, räume ich meinen Schreibtisch auf.	(13)	(10)	(8)	(11)	(7)
9. Ich mache meine Hausaufgaben immer freitags, damit ich das Wochenende freihabe.	(2)	(4)	(13)	(5)	(6)

1. auf den Ast
2. dass er
3. ~~Wenn einer,~~
4. gekrochen ist
5. sich der.
6. der Storch
7. der mit Mühe kaum
8. ein Vogel wär,
9. und eine Katze
10. auf einen Baum,
11. schon meint,
12. Wilhelm Busch
13. so irrt
14. Er fällt
15. seit er fliegt

Wenn einer,

ÜBEN

ÜBUNG 17 **Stelle jeweils die Frage nach dem Subjekt- bzw. Objektsatz. Schreibe dahinter, um welche Art Nebensatz es sich handelt, und unterstreiche dann den Nebensatz.**

1. Dass er noch kommt, bezweifle ich.

   Frage:

2. Ich bedaure, sie verletzt zu haben.

   Frage:

3. Wer mich unterstützt, wird es nicht bereuen.

   Frage:

ÜBUNG 18 **Setze die Nebensätze aus dem Wortspeicher richtig ein. Denke auch an die Zeichensetzung. Schreibe in die Klammern, um welche Art Nebensatz es sich hinsichtlich der Form oder der Funktion jeweils handelt.**

~~das als schlau und hinterlistig dargestellt wird~~ – der ein Vertreter der Familie der Hunde ist – obwohl er nicht klüger als andere Raubtiere ist – wenn seine Hauptbeute aktiv ist – wer ihm begegnet – wobei auch abweichende Färbungen möglich sind

In der Fabel ist der Fuchs das Tier, das als schlau und hinterlistig dargestellt wird (Relativsatz). Mit seinem listigen Gesicht hat er Eingang in viele Geschichten gefunden

( ). Doch was wissen wir über den Fuchs

( )? Eigentlich hat sein Fell eine leuchtende braunrote Färbung

( ). Er jagt am liebsten in der Dämmerung

( ). Der Fuchs ist nicht sehr groß, hat kurze Beine und einen buschigen Schwanz.

wird ihn sicher in sein Herz schließen

( ).

ÜBEN

Thementest 1

50 Minuten

AUFGABE 1 **Vervollständige die Sätze.**

1. Ein Hauptsatz ist ein Satz, der

2. Ein Nebensatz ist ein Satz, der

AUFGABE 2 **Satzreihe oder Satzgefüge?**

1. Gestern habe ich einen gehörigen Schreck bekommen, denn ich habe etwas Dummes angestellt.
2. Ich verließ das Haus und dabei zog ich die Tür hinter mir zu.

AUFGABE 3 **Entscheidungs- oder Ergänzungsfrage?**

1. Bekommen wir zum Mittagessen eine Pizza?
2. Möchtest du deine Pizza mit Salami?
3. Wo schmeckt die Pizza am besten?

AUFGABE 4 **Unterstreiche jeweils den Nebensatz mit roter und den Hauptsatz mit blauer Farbe.**

1. Der Affe, der in der Manege steht, macht ein komisches Gesicht.
2. Möglicherweise fragt er sich, weshalb die Menschen lachen.
3. Er befürchtet, sie könnten über ihn lachen.

AUFGABE 5 **Setze die fehlenden Satzschlusszeichen.**

Kann ich die Saftflasche haben Ja, aber zuerst schütteln Danke

AUFGABE 6 **Verbinde jeweils zwei Sätze zu einem Satzgefüge, indem du ein Relativpronomen benutzt. Unterstreiche dann den Nebensatz.**

1. Tina wünscht sich ein neues Skateboard zu ihrem Geburtstag. Er ist in einem Monat.

2. Sie bewundert es schon seit Wochen in einem Sportgeschäft. In dem Sportgeschäft arbeitet ihr Onkel.

3. Mit diesem Skateboard wäre sie die Königin der Clique. Mit der Clique trifft sie sich fast täglich.

AUFGABE 7 **Um welche Satzart handelt es sich? Forme den Satz dann in die vorgegebenen Satzarten um.**

Gib mir den Stift!

Fragesatz:

Aussagesatz:

AUFGABE 8 **Forme in indirekte Fragesätze um. Denke an die Zeichensetzung. Unterstreiche dann jeweils den Nebensatz.**

1. Schon seit vielen Monaten bettelt Lisa: „Bekomme ich nun endlich ein Haustier?“

2. Wie immer fragt der Vater zurück: „Würdest du dich auch gut um das Tier kümmern?“

3. Die Mutter mischt sich ein und will wissen: „Welches Tier möchtest du denn?“

AUFGABE 9 **Ergänze in den folgenden Satzreihen die notwendigen Kommas und klammere die Kommas ein, die nicht unbedingt stehen müssen.**

1. Am Schulsportfest nehmen alle Klassen teil die Schülerinnen der Jahrgangsstufen 11 und 12 werden in Gruppen aufgeteilt.
2. Für jede Gruppe ist eine Lehrperson zuständig denn die Ergebnisse sollen korrekt auf den Leistungsbögen eingetragen werden.
3. Hoffentlich scheint die Sonne aber das Sportfest findet auch bei kurzen Regenschauern statt.
4. Zum Staffellauf versammeln sich alle an dem großen Rasenplatz und die Schülerinnen und Schüler der unteren Klassen beginnen den Wettkampf.
5. Aus jeder Klasse dürfen nur acht Schülerinnen und Schüler teilnehmen aber der jüngste Schüler und die älteste Schülerin sollten auf jeden Fall dabei sein.

AUFGABE 10 **Unterstreiche jeweils den Hauptsatz mit blauer und den Nebensatz mit roter Farbe. Schreibe in die Klammer, an welcher Position der Nebensatz steht. Stelle jeden Satz dann in deinem Heft zweimal um und schreibe jeweils dazu, an welcher Stelle der Nebensatz nun steht.**

1. Da die Sonne scheint, können wir unsere Wanderung starten.
   (Nebensatz vorangestellt)
2. Wir richten uns, damit wir lange durchhalten, Berge von belegten Broten.
   ( )

AUFGABE 11 **Unterstreiche jeweils den Nebensatz. Schreibe dann auf, um welche Art Adverbialsatz es sich handelt.**

Ich räume mein Zimmer auf, damit ich mich vor meinem Besuch nicht schämen muss. ( ) Sehr schnell schloss sie die Autotür, wobei sie sich fast den Finger einklemmte. ( )
Ehe mein Vater die Tür öffnete, versteckte ich mich im Schrank.
( )

AUFGABE 12 **Subjekt- oder Objektsatz? Stelle zuerst die Frage und entscheide dann, indem du das nicht Zutreffende durchstreichst. Unterstreiche auch den Nebensatz.**

1. Wer sich mein Freund nennt, dem vertraue ich.

   Frage:

   Subjektsatz / Objektsatz

2. Wem ich vertraue, der darf sich mein Freund nennen.

   Frage:

   Subjektsatz / Objektsatz

AUFGABE 13 **Füge beide Hauptsätze zu einem Satzgefüge zusammen, indem du die angegebene Konjunktion benutzt. Denke an die Zeichensetzung.**

1. Der Lehrer hatte die Hausaufgaben an die Tafel geschrieben. Ein Schüler meldete sich.

   Nachdem: Nachdem der Lehrer die Hausaufgaben

2. Der Schüler konnte die Schrift an der Tafel nicht lesen. Die Sonne blendete ihn.

   Weil:

AUFGABE 14 **Unterstreiche jeweils den Nebensatz, setze dann die Satzzeichen und schreibe in die Klammer, um welche Art Nebensatz es sich handelt. Sind Nebensätze hinsichtlich ihrer Funktion auch Subjekt-, Objekt- oder Adverbialsätze, dann schreibe dies dazu. Benenne dann auch die Art des Adverbialsatzes.**

1. Bevor sich die Freunde verabschieden gibt es noch die Filmauswahl zu besprechen. ( )
2. Marie möchte einen Film sehen der lustig ist.
   ( )
3. Leon möchte einen Actionfilm sehen weil er die Spannung liebt.
   ( )
4. Nachdem Carolina eine Weile überlegt hat stimmt sie Marie zu.
   ( )

TESTEN

4

Wortbedeutung und Wortbildung

4.1 Wortbedeutung

Wörter haben eine Bedeutung. Sie dienen dazu, die Wirklichkeit zu erfassen, zu gliedern und zu ordnen.

Ober- und Unterbegriffe

Oberbegriffe benennen eine Art. Unterbegriffe sind Beispiele für diese Art.

Oberbegriff: Obst
Unterbegriff: Apfel, Birne, Banane

Synonyme

Wenn zwei Wörter eine gleiche oder ähnliche Bedeutung haben, dann sind sie **synonym.** Echte Synonyme gibt es kaum, da meist eine andere Nuance mitschwingt.

laufen – rennen
clever – schlau – raffiniert
glatt – flach – eben – gerade

Homonyme

Wörter, die gleich klingen und gleich geschrieben werden, aber unterschiedliche Bedeutungen haben, nennt man **Homonyme** („Teekesselchen").
Homofone dagegen sind Wörter, die gleich klingen, aber unterschiedlich geschrieben werden.

Homonyme:
Ball: 1. Spielzeug; 2. festliches Ereignis
Hahn: 1. Tier; 2. Wasserhahn

Homofone:
Lid – Lied
Wal – Wahl

Antonyme

Wörter mit gegensätzlicher Bedeutung nennt man **Antonyme** oder **Gegensatzwörter.** Zwei Wörter, die zueinander Gegensatzwörter sind, heißen **Gegensatzpaar.**

schwer – leicht
groß – klein
dick – dünn

ÜBUNG 1 **Ordne die Begriffe, die die Bilder darstellen, in die Tabelle ein. Finde jeweils den passenden Oberbegriff.**

Pullover

ÜBUNG 2 **Bilde Gegensatzpaare.**

1. schwierig –
2. schlecht –
3. jemand –
4. Reichtum –
5. beliebt –

ÜBUNG 3 Finde die gesuchten Homonyme und setze sie in das Kreuzworträtsel ein.

1 B
2 A
4
3 D E
5 K
6 7
6 B
8 R
9

Senkrecht:
1. Man kann darauf sitzen / Sie verwaltet Geld
4. Eine Falschmeldung / Ein Tier
5. Der König trägt es auf dem Kopf / Der oberste Teil eines Baumes
6. Schmeckt gut und enthält viele Vitamine / Gibt uns Licht
7. Der König wohnt darin / Ein Schlüssel passt hinein
8. Der Arzt stellt es aus / Nach ihm kocht man Essen

Waagerecht:
2. Eine Mahlzeit, die im Backofen in einer speziellen Form zubereitet wird / Viele Menschen, die an einer Stelle zusammenkommen
3. Man hat es im Bett, damit man nicht friert / Der Abschluss eines Raumes
6. Ein Insekt / Man benutzt es, um ein Fahrzeug anzuhalten
9. Ein Insekt / Ein Kleidungsstück für Männer, die sich schick anziehen wollen

ÜBUNG 4 Finde passende Synonyme.

1. dünn: m , sch k, h g
2. meinen: f d , d k n, g aub

4.2 Wortbildung

Die Zusammensetzung

Wenn zwei oder mehrere Wörter zu einem neuen Wort verbunden werden, dann spricht man von einer **Zusammensetzung.** Das neu entstandene Wort betont dabei meistens eine besondere Eigenschaft oder ein besonderes Merkmal.

Haus + Aufgabe = Hausaufgabe
Balkon + Pflanzen = Balkonpflanzen

Die Teile der Zusammensetzung nennt man **Grundwort** und **Bestimmungswort.**

der Garten (Bestimmungswort) + die Blume (Grundwort) = die Gartenblume

Das Grundwort steht immer an letzter Stelle und stellt die Basis der Zusammensetzung dar: **Artikel** und **Wortart** richten sich nach dem Grundwort.

der Himmel (Bestimmungswort = Substantiv) + blau (Grundwort = Adjektiv) = himmelblau (Adjektiv)

Fast alle Wortarten können miteinander kombiniert werden. Manchmal benötigt man ein **Fugenelement,** um die Wörter miteinander zu verbinden.

Arbeit**s**zimmer
Küche**n**uhr

Die Ableitung

Bei einer Ableitung werden dem Wortstamm meist Silben vorangestellt oder angehängt.

Vorangestellte Silben heißen **Präfixe,** die nachgestellten heißen **Suffixe.**

beladen, **ent**laden, **ver**laden
Freundlich**keit**, wunder**bar,** Heiz**ung**

Das Ausgangswort kann auch in seinem Innern verändert werden. Die Veränderung des Stammvokals im Wortstamm nennt man **innere Ableitung.** Zusätzlich können Präfixe oder Suffixe angefügt werden.

gi**e**ßen – G**u**ss, w**e**rfen – W**u**rf
schw**a**rz – schw**ä**rzen
bl**a**sen – **Ge**bl**ä**s**e**

Die Kurzwortbildung

Bei der **Wortkürzung** werden Wörter kürzer, da Wortbestandteile weggelassen werden. Das Ergebnis heißt **Kurzwort.**

Kraft**f**ahr**z**eug – Kfz
Schutz**po**lizist – Schupo

Es können einzelne Buchstaben, Silben oder ein zusammenhängender Teil des Wortes stehen bleiben. Manchmal kommt – meist umgangssprachlich – ein *-i* dazu.

Süd**w**est**r**undfunk – SWR
Schieds**ri**chter – Schiri
Prominenter – Promi
Hausaufgaben – Haus**i**

WISSEN

ÜBUNG 5 Welche Präfixe passen? Verbinde die Wörter im Wortspeicher mit den Präfixen und trage die neuen Wörter in die Tabelle ein.

lieben – legen – täuschen – finden – ziehen – sehen

ab-	er-	ent-	hin-	ver-	zu-

ÜBUNG 6 Schreibe passende Suffixe hinter die Wörter.

1. freund
2. Heiter
3. Beliebt
4. heim
5. pingel
6. frucht

ÜBUNG 7 Trenne in der Wörterschlange die 12 Kurzwörter durch einen Strich voneinander. Schreibe sie dann mit ihren ausgeschriebenen Wörtern auf.

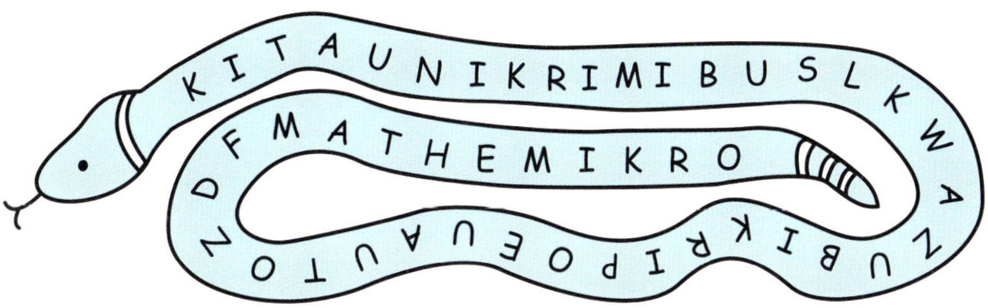

Kita → Kindertagesstätte

WISSEN

Wortfamilie und Wortfeld

- Wörter, die den gleichen Wortstamm haben, bilden eine **Wortfamilie.** Zu ihr gehören Wörter verschiedener Wortarten.
- Wörter, die eine ähnliche Bedeutung haben, bilden ein **Wortfeld.**

Wortfamilie ***fahren:*** befahrbar – der Fahrer – herumfahren – das Fahrzeug

Wortfeld ***fahren:*** bewegen – steuern – kutschieren – reisen

ÜBUNG 8 **Finde zu jedem Wort mindestens 5 Wörter aus der Wortfamilie.**

1. fragen: befragen

2. lachen:

ÜBUNG 9 **Setze die Wörter mit einem jeweils passenden Wort zusammen. Die Wortart, die entstehen soll, ist vorgegeben.**

Adjektiv: Hund + müde = hundemüde

Substantiv:

Substantiv:

Adjektiv:

ÜBEN

Thementest 1

30 Minuten

AUFGABE 1 **Immer drei Kärtchen gehören zusammen. Male sie jeweils in derselben Farbe an.**

Homonyme

Antonyme

Ober- und Unterbegriffe

Synonyme

Gleichlautende Wörter mit unterschiedlichen Bedeutungen

Wörter mit gegensätzlicher Bedeutung

Wörter mit einer gleichen oder ähnlichen Bedeutung

Sie benennen eine Art bzw. sind Beispiele für diese Art.

Getränke – Saft, Milch, Limonade

strebsam, faul

Bremse, Schimmel

Streichholz, Zündholz

AUFGABE 2 **Jeweils zwei Wörter gehören nicht zur Wortfamilie. Streiche sie durch.**

1. Wortfamilie *sehen:* der Seher – besehen – erblicken – das Sehfeld – die Seenot
2. Wortfamilie *rennen:* gerannt – laufen – die Rennbahn – der Rentner
3. Wortfamilie *lieben:* die Liebe – die Hochzeit – verlieben – gelebt – liebevoll

AUFGABE 3 **Finde jeweils das passende Antonym.**

1. hässlich –
2. gehen –
3. satt –
4. winzig –
5. die Trauer –
6. krank –

AUFGABE 4 **Ordne die Wörter aus dem Wortspeicher in die Tabelle ein. Finde zu jedem Wortfeld drei weitere Wörter.**

abbrechen – ablenken – anrempeln – aufhalten – aufmachen – behelligen – durchstoßen – einlassen – stehen bleiben – stoppen – stoßen – zusammenprallen

Wortfeld *„öffnen"*	**Wortfeld** *„anhalten"*	**Wortfeld** *„stören"*	**Wortfeld** *„schubsen"*

AUFGABE 5 **Finde die passenden Oberbegriffe.**

1. : Montag, Dienstag, Mittwoch, Donnerstag
2. : Füller, Kugelschreiber, Bleistift
3. : Schach, Dame, Halma

AUFGABE 6 **Hier wurden die falschen Präfixe und Suffixe an die Wörter gehängt. Streiche die Präfixe / Suffixe durch und schreibe die Wörter richtig auf. Manchmal gibt es mehrere Möglichkeiten. Finde dann so viele Wörter wie möglich.**

ACHTUNG FEHLER

1. behören:
2. darnehmen:
3. umenden:
4. beisehen:
5. kleinig:
6. heillich:

TESTEN

AUFGABE 7 **Setze jeweils zwei passende Wörter aus dem Wortspeicher zusammen und schreibe dazu, welche Wortart entstanden ist. Unterstreiche das Grundwort rot und das Bestimmungswort grün. Achtung: Manchmal musst du die Wörter verändern.**

baden – Buch – Eis – ~~Gras~~ – ~~grün~~ – lesen – Küche – laufen – Pfeil – schnell – Tisch – Zimmer

1. Gras + grün =
2.
3.
4.
5.
6.

AUFGABE 8 **Erkläre jeweils beide Bedeutungen der Homonyme.**

1. die Blase:

2. der Boxer:

3. der Kamm:

4. das Katzenauge:

AUFGABE 9 **Schreibe zu jedem Wort das Kurzwort auf.**

1. Short Message Service:
2. Abitur:
3. Volkswagen:
4. Assistent:
5. Anrufbeantworter:
6. Mathematik:
7. Zweites Deutsches Fernsehen:
8. Religion:

Abschlusstest

50 Minuten

AUFGABE 1 **Schreibe die Wörter aus dem Wortspeicher in die richtige Zeile.**

aber – anstrengen – aufregend – bei – bitter – da – zwischen – das – dennoch – der – eine – eines – flüstern – Gefühl – geheimnisvoll – gesprächig – hinter – Leben – sodass – unter – Urlaub – verursachen – wissen – Zement

Substantiv:

Artikel:

Verb:

Adjektiv:

Konjunktion:

Präposition:

AUFGABE 2 **Erkläre die folgenden Begriffe. Gib jeweils zwei Beispiele.**

1. Homonyme:

2. Antonyme:

3. Synonyme:

AUFGABE 3 **Hier fehlen die Präfixe bzw. Suffixe. Setze geeignete Präfixe / Suffixe ein.**

1. lesen
2. ordnen
3. nehmen
4. Geheim
5. männ
6. krieger

AUFGABE 4 **Um welche Satzart handelt es sich jeweils? Schreibe dahinter. Unterscheide bei den Fragesätzen auch zwischen Entscheidungs- und Ergänzungsfrage.**

1. Öffnet bitte die Tür!
2. Gehst du noch weg?
3. Wohin willst du?
4. Hoppla!
5. Morgen werde ich den Hasenstall putzen.

AUFGABE 5 **Stelle jeden Satz zweimal um. Kennzeichne dann die Satzglieder durch Schrägstriche.**

1. Heute Morgen hat mein Opa sein Gebiss verlegt.
2. Deshalb setzte er sich ohne seine Zähne an den Frühstückstisch.
3. Sein Milchhörnchen tunkte er kurz entschlossen in den Kaffee.

AUFGABE 6 **Unterstreiche die Adverbien. Schreibe dann auf die Zeile, um welche Art von Adverb es sich jeweils handelt.**

1. Er steht draußen.
2. Ich finde das Kostüm sehr hässlich.
3. Ich kann meine Schuhe nicht finden,
   deshalb werde ich barfuß gehen.
4. Er geht immer zum Joggen.
5. Irgendwoher kam ein Ball auf sie zugeflogen.
6. Er wird mir hoffentlich ein Geschenk mitbringen.

AUFGABE 7 **Setze die Adjektive aus dem Wortspeicher in deklinierter oder gesteigerter Form in die passenden Lücken ein.**

anstrengend - benachteiligt - fantastisch - fern - groß - gut - lang - neu - unverheiratet - viel - viele - wenige

Heute ziehe ich mein Kleid an, da meine Tante aus dem Afrika zu Besuch kommt. Als meine Tante vor Jahren sagte, dass sie den Kindern in Afrika helfen wolle, machte die ganze Familie ein Gesicht – besonders meine Schwester. Sie hatte Zeit als die übrigen Nichten und Neffen bei ihr verbracht, denn die beiden hatten Pläne gemacht, wie sie gemeinsam eine Schule in Kenia erbauen und leiten könnten. Aber schon in Monaten will auch sie ins Ausland gehen, nach dem Abschluss ihrer Schulzeit.

AUFGABE 8 **Unterstreiche jeweils die Pronomen im Satz. Schreibe auf die Linie, um welches Pronomen es sich handelt.**

1. Eure Tochter ist sehr gut erzogen.
2. Gib mir doch bitte diese Zeitschrift dort drüben.
3. Es haben sich etliche aus dem Staub gemacht.
4. Ihr wisst doch, wie das so ist!

AUFGABE 9 **Satzreihe oder Satzgefüge? Schreibe dahinter.**

1. Ich habe nicht für die Arbeit gelernt(,) und ich stehe dazu.

2. Allerdings würde ich mir wünschen, dass ich eine gute Note bekomme.

AUFGABE 10 **Setze die Tempusformen im Plusquamperfekt oder im Präteritum ein. Überlege hierfür, was zuerst geschah.**

Nachdem Sarahs Eltern das alte Schloss ___ (kaufen), ___ (hören) sie zum ersten Mal von dem Gespenst. Sie ___ (machen) sich jedoch keine allzu großen Sorgen, weil sie nicht an Gespenster ___ (glauben). Nachdem sie ___ (einziehen), ___ (geben) es jede Nacht merkwürdige Geräusche, die vom Dachboden ___ (kommen). Am Tag ___ (durchsuchen) der Vater den Dachboden, ___ (finden) aber nichts.

AUFGABE 11 **Schreibe die Sätze im Passiv auf.**

1. Tim schaltete die Anlage ein.

___

2. Oma bläst die Luftmatratze auf.

___

3. Der Landwirt wird die Pferde füttern.

___

AUFGABE 12 **Bilde Relativsätze, indem du die beiden Hauptsätze verbindest. Unterstreiche dann den Nebensatz mit roter und den Hauptsatz mit blauer Farbe.**

1. Das Bild hängt in einer Ausstellung. Unser Lehrer hat es gemalt.

___

2. Unserem Sohn gefällt das Spielzeugauto. Seine Großeltern haben es ihm geschenkt.

___

3. Die Konfitüre ist die beste seit Langem. Unsere Nachbarin hat sie hergestellt.

___

AUFGABE 13 **Kennzeichne alle Satzglieder durch Schrägstriche. Schreibe jeweils darunter, um welches Satzglied es sich handelt. Benenne die adverbialen Bestimmungen genau.**

1. Der Polizist half dem Dieb aus Mitleid.
2. Der Schüler bekam ständig Ärger mit seinem Rektor.
3. Lustlos habe ich meinem Sportlehrer den Ball gegeben.
4. Ich bedarf heute deiner Hilfe.
5. Normalerweise achte ich immer auf die Verkehrszeichen.

AUFGABE 14 **Attribut, adverbiale Bestimmung oder präpositionales Objekt? Schreibe auf.**

1. Ich warte auf meinen Freund.
2. Er steht auf einem wackligen Brett.
3. Der Pflug auf dem Acker ist alt.

AUFGABE 15 **Setze die fehlenden Satzzeichen. Unterstreiche dann Hauptsätze mit blauer und Nebensätze mit roter Farbe. Benenne die Nebensätze so genau wie möglich.**

1. Ich fahre weg aber mein Hund bleibt bei meinen Eltern.
2. Verziehe deine Stirn nicht damit du keine Falten bekommst.
3. Wer mich beschenkt den beschenke ich auch.
4. Er kann nicht kommen da er arbeiten muss.
5. Wir feiern Geburtstage indem wir uns gegenseitig beschenken.
6. Wer seine Hausaufgaben gemacht hat bekommt ein Eis.

1 Die Wortarten

ÜBUNG 1 S. 6
DER LÖWE UND DIE MÜCKE (ÄSOP)
MIT ÜBERMÜTIGEN WORTEN FORDERTE EINE KLEINE MÜCKE DEN LÖWEN ZU EINEM ZWEIKAMPF HERAUS. „ICH FÜRCHTE DICH NICHT, DU UNGEHEUER", SCHRIE SIE IHM IHRE GEFÜHLE ENTGEGEN. „DU HAST ÜBERHAUPT KEINE VORZÜGE GEGEN MICH! GLEICH WIRST DU SEHEN, DASS ICH WESENTLICH MEHR STÄRKE HABE ALS DU!" MIT DIESEN WORTEN FLOG SIE IN EINES SEINER NASENLÖCHER UND STACH IHN SO SEHR, DASS ER VOR SCHMERZ WIMMERTE UND DIE MÜCKE BAT AUFZUHÖREN.
VOLLER STOLZ AUF DIESEN SIEG FLOG DAS INSEKT DAVON, UM IN ALLE WELT HINAUSZUPOSAUNEN, WELCHE HELDENTAT ES VOLLBRACHT HATTE. DABEI ÜBERSAH ES ABER DAS NETZ EINER SPINNE UND VERFING SICH IN DIESEM. SOFORT KAM DIE SPINNE UND SAUGTE DIE MÜCKE AUS. BEVOR DIE MÜCKE STARB, DACHTE SIE: „WELCHE UNGERECHTIGKEIT UND ERNIEDRIGUNG! JETZT HABE ICH DEN LÖWEN BESIEGT UND MUSS DURCH SOLCH EINE ARMSELIGE SPINNE STERBEN!"

Lebewesen: der Löwe, die Mücke, das Ungeheuer, das Insekt, die Spinne
Dinge: das Nasenloch, das Netz
Begriffe: das Wort, der Zweikampf, das Gefühl, der Vorzug, die Stärke, der Schmerz, der Stolz, der Sieg, die Welt, die Heldentat, die Ungerechtigkeit, die Erniedrigung

ÜBUNG 2 S. 6
1. die Inseln; **2.** die Teppiche; **3.** die Alben; **4.** die Reptilien; **5.** die Säle

ÜBUNG 3 S. 6
Substantive, die es nur im Singular gibt: der Hass, der Ärger, das Gold, die Milch, die Wut, die Mehrzahl, das Laub, der Lärm
Substantive, die es nur im Plural gibt: die Masern, die Kosten, die Eltern, die Leute, die Finanzen, die Tropen

ÜBUNG 4 S. 7
2. Esel (Maskulinum Singular)
3. Gläser (Neutrum Plural)
4. Kasse (Femininum Singular)
5. Bäume (Maskulinum Plural)

ÜBUNG 5 S. 7
2. am Nachdenken; **3.** zum Ausrasten; **4.** das Krabbeln; **5.** Das Blau; **6.** Vom Lernen; **7.** die Hübsche

ÜBUNG 6 S. 8
dem Schiff ... der Nacht ... einem Matrosen ... die Ausrüstung ... dem Beiboot ... der Schatzsuche ... der Mannschaft ... der Bordwache ... einer Eule ... der Mittagssonne ... der Schatzkarte ... der Innentasche ... des Umhangs

ÜBUNG 7 S. 8
2. Wessen Pfeife stibitzt Fritz? – Kasus: Genitiv; Genus: Maskulinum; Numerus: Singular
3. Wem glaubt Tom nicht? – Kasus: Dativ; Genus: Femininum; Numerus: Singular
4. Wer oder was schläft endlich? – Kasus: Nominativ; Genus: Maskulinum; Numerus: Plural

ÜBUNG 8 S. 11
waschen – Handlung
erholen / ausruhen – Zustand
einkaufen – Vorgang

ÜBUNG 9 S. 11
Vollverben können im Satz ...
Hilfsverben benötigt man, um ...
Modalverben stehen in der Regel ...

ÜBUNG 10 S. 11
2. kann (Fähigkeit); **3.** soll (Auftrag); **4.** muss (Notwendigkeit); **5.** möchte (Wunsch); **6.** will (Wille)

ÜBUNG 11 S. 12
besucht; lernen; zubereitet; trifft; machen; gefallen hat / gefiel; erfahren; erklärt; verwenden; ernten; verabredet

ÜBUNG 12 S. 12
hab – haben; erhalten – erhalten; lebt – leben; gibt – geben; durchzieht – durchziehen; spielt – spielen; will – wollen; erscheinen – erscheinen; bringt hervor – hervorbringen; summt – summen; bleib – bleiben; ruf – rufen; küsset – küssen; fliehst – fliehen; wollen – wollen; ehren – ehren; schätzen – schätzen; ergötzen – ergötzen

ÜBUNG 13 S. 13
1. befahl; **2.** schlug; **3.** fing; **4.** warb; **5.** rann; **6.** erschrak; **7.** flocht
Lösungswort: wünscht

Übung 14 S. 13

Perfekt	Präteritum	Präsens	Futur I
Lisa hat gelogen.	Lisa log.	Lisa lügt.	Lisa wird lügen.
Peter hat ein Bild gemalt.	Peter malte ein Bild.	Peter malt ein Bild.	Peter wird ein Bild malen.
Opa hat recht gehabt.	Opa hatte recht.	Opa hat recht.	Opa wird recht haben.
Oma hat das Bild aufgehoben.	Oma hob das Bild auf.	Oma hebt das Bild auf.	Oma wird das Bild aufheben.

Übung 15 S. 13

2. wird regnen – Zukünftiges
3. wirst herkommen – Aufforderung

Übung 16 S. 14

2. Übermorgen wird das Schiff gesunken sein.
3. Morgen wird er dich darum gebeten haben.
4. In spätestens einem Monat wirst du ihn vergessen haben.

Übung 17 S. 14

Schüler und Lehrer **sind ... gekommen** ... Klassenlehrer **ist ... erschienen** ... Schüler **haben ... gewählt** ... Morgen **haben** wir ... **gemacht** und **getanzt** ... älteren Schüler **haben ... angefangen** ... Pause **hat** unser Lehrer ... **spendiert** ... **haben** wir ... **aufgegessen**. Zum Schluss **haben** ... **prämiert.** Es **hat** ... nicht **gewundert** ... Preis **abgesahnt hat.** Wir **haben** ... **gegönnt** ... schnell **ist** der Vormittag **vorbeigegangen** und bald **haben** wir ... **angetreten.**

Übung 18 S. 15

2. Er rief sie an, nachdem er zu Abend **gegessen hatte**.
3. Ich schlief erst ein, nachdem ich den Krimi zu Ende **gelesen hatte**.
4. Sie kam zurück, nachdem sie **trainiert hatte**.

Übung 19 S. 15

Lösungsvorschlag:
2. Da ich keine Lust gehabt hatte zu lernen, **schrieb** ich eine schlechte Note.
3. Nachdem ich mein Zimmer aufgeräumt hatte, **legte** ich mich aufs Bett.
4. Als ich aufgestanden war, **verstauchte** ich mir das Bein.

Übung 20 S. 15

1. ... **ausgeblasen hatte, wurde** es stockdunkel.
2. Linus **war eingeschlafen,** bevor er den Film zu Ende schauen **konnte.**
3. Als Mia den Kuchen schon **gebacken hatte, kam** ihre Freundin, um zu helfen.

Übung 21 S. 16

1. Der Teich wird vom Hausmeister gesäubert.
2. Die Hausaufgaben wurden von Ron abgeschrieben.
3. Der Fotoapparat wird von Onkel Albert gekauft werden.
4. Der Schalter war von Mutter betätigt worden.

Übung 22 S. 16

1. Der Tierarzt rettet den Hund.
2. Unser Rektor kaufte das neue Auto.
3. Mein Mitschüler betritt die Videothek.

Übung 23 S. 18

2. das tiefe Meer; **3.** der spannende Krimi; **4.** der heiße Ofen

Übung 24 S. 18

Positiv	Komperativ	Superlativ
lustig	lustiger	am lustigsten
tief	tiefer	am tiefsten
spannend	spannender	am spannendsten
heiß	heißer	am heißesten

Übung 25 S. 18

schwanger, uralt, kinderlos, stumm, schriftlich, (voll), einzig, doppelt, super, egal

Übung 26 S. 19

Lösungsvorschlag:
Ich habe bessere Karten als du.
Mein neues Fahrrad ist teurer als das Fahrrad meiner Freundin.
Bananen sind genauso gesund wie Äpfel.

Übung 27 S. 19

nahe, näher, am nächsten;
viel, mehr, am meisten;
hoch, höher, am höchsten

Übung 28 S. 19

2. Ich mag das Neue. (substantiviert)
3. Wir bleiben jung. (prädikativ)
4. Die glücklichste Kuh ist lila. (attributiv / prädikativ)
5. Der heftige Streit setzt mir zu. (attributiv)
6. Der Autofahrer protestierte laut. (adverbial)

Übung 29 S. 21
1. Er trägt ihn auf seinem Rücken: den Rucksack
2. Es steht vor den Kindern: das Essen
3. Er liegt unter dem Tisch: der Teppich
4. Sie sitzen auf den Stühlen: die Kinder
5. Er steht neben dem Kind: der Wecker

Übung 30 S. 21
1. Wegen; **2.** seit; **3.** aus; **4.** ohne; **5.** durch

Übung 31 S. 21
Diese Kärtchen solltest du in denselben Farben angemalt haben:
Adverbien des Orts – lokal – Wo? Wohin?
Adverbien der Zeit – temporal – Wann? Wie lange?
Adverbien der Art und Weise – modal – Wie? Auf welche Weise?
Adverbien des Grunds – kausal – Warum? Weshalb?

Übung 32 S. 22
Irgendwo fiel ein Fuchs unglücklicherweise in ... Sogleich kam ... fragte er neugierig, ob das ... Ziegenbock freundlich ein herabzukommen. Das tat der Bock gerne ... den Fuchs betroffen ... nahm ihn beiseite und sprach listig: „Stelle dich ... Ich will über deinen Rücken und deine Hörner klettern und dir sofort heraushelfen." So taten ... Als der Fuchs oben stand ... „Wenn du nur einmal nachgedacht hättest, wärst du nicht hier herabgestiegen, ... wieder hinauskommst." Freudestrahlend lief er davon.

Übung 33 S. 22
lokal: irgendwo, beiseite, oben, hier
temporal: sogleich, sofort, nur einmal
modal: gerne, unglücklicherweise, so

Übung 34 S. 22
1. und; **2.** aber / jedoch; **3.** denn

Übung 35 S. 23
Lösungsvorschlag:
2. Ich nehme die Schokolade an mich, damit du nicht naschen kannst. (Aussage zum Zweck)
3. Ich werde hier sein, wenn das Wetter nicht schlechter wird. (Aussage zu Bedingungen)
4. Ich stimme auch dafür, obwohl ich die Sache nicht so gut finde (Aussage zu Einschränkungen)

Übung 36 S. 23
2. bereits (Attribut); **3.** spätestens (innerhalb einer festen Fügung); **4.** so (Attribut)

Übung 37 S. 25
1. wir; **2.** ihn

Übung 38 S. 25
Mama Glücklich packt ihre Sommerkleider in den Koffer. **Diesen (Demonstrativpronomen)** musste sie zuerst gründlich abstauben. Die beiden Kinder, **die (Relativpronomen)** nun alt genug sind, packen **ihre (Possessivpronomen)** Taschen selbst. Doch ohne Chaos funktioniert **das / dies (Demonstrativpronomen)** natürlich nicht: „**Jemand (Indefinitpronomen)** hat **meinen (Possessivpronomen)** Badeanzug versteckt!" „Wo ist das Kleid, **das (Relativpronomen) ich (Personalpronomen)** im letzten Sommer gekauft habe?" Mama Glücklich seufzt. Wie froh **sie (Personalpronomen)** sein wird, wenn endlich **alle (Indefinitpronomen)** im Auto sitzen!

Übung 39 S. 25
Jemand / niemand

Übung 40 S. 26
1. der / welcher; **2.** die / welche; **3.** das / welches

Übung 41 S. 26
Lösungsvorschlag:
Bild 1: Lara hält **ihren** Hund an der Leine. Da entdecken sie die alte Dame, die **ihre** Handtasche neben sich gelegt hat.
Bild 2: Die Frau ist gegen den Baumstamm **meines umgestürzten** Baumes gefahren. Nun ist **ihr** Auto kaputt.

Übung 42 S. 26
Lösungsvorschlag:
2. Ich, deinen; **3.** Er, die; **4.** Niemand, es; **5.** Wir, euch

Thementests

Aufgabe 1 S. 27
WAS IST DER UNTERSCHIED ZWISCHEN EINEM BÄCKER UND EINEM TEPPICH? – DER BÄCKER MUSS MORGENS UM HALB VIER UHR AUFSTEHEN, DER TEPPICH KANN LIEGEN BLEIBEN.

Aufgabe 2 S. 27
der Unterschied – die Unterschiede; der Bäcker – die Bäcker; der Teppich – die Teppiche; die Uhr – die Uhren

AUFGABE 3 S. 27
1. können / dürfen / wollen; **2.** mag / will; **3.** kann

AUFGABE 4 S. 27
beginnen: ich beginne, du beginnst, er / sie / es beginnt, wir beginnen, ihr beginnt, sie beginnen
helfen: ich helfe, du hilfst, er / sie / es hilft, wir helfen, ihr helft, sie helfen
lesen: ich lese, du liest, er / sie / es liest, wir lesen, ihr lest, sie lesen
versprechen: ich verspreche, du versprichst, er / sie / es verspricht, wir versprechen, ihr versprecht, sie versprechen

AUFGABE 5 S. 28
1. singend, gesungen; **2.** ändernd, geändert

AUFGABE 6 S. 28
gut – besser – am besten
hoch – höher – am höchsten
viel – mehr – am meisten
weise – weiser – am weisesten

AUFGABE 7 S. 28
Diese Kärtchen gehören zusammen:
Personalpronomen – wir
Possessivpronomen – dein
Demonstrativpronomen – dieses
Indefinitpronomen – etliche
Relativpronomen – der

AUFGABE 8 S. 28
2. besonders (modal); **3.** draußen (lokal); **4.** jetzt erst, darum (temporal / kausal)

AUFGABE 9 S. 29
1. Nachdem ich den Horrorfilm gesehen hatte, bekam ich Angst.
2. Als Tim bereits das Geschenk gekauft hatte, kam seine Schwester, um ihn zu begleiten.

AUFGABE 10 S. 29
1. Ein Dieb stahl die Kette.
2. Hans säubert das Aquarium.

AUFGABE 11 S. 29
1. Kasus: Genitiv; Genus: Maskulinum; Numerus: Singular
2. Kasus: Dativ; Genus: Femininum; Numerus: Singular

AUFGABE 12 S. 29
1. damit; **2.** obwohl; **3.** während; **4.** wenn / falls; **5.** weil / da

AUFGABE 13 S. 30
Personalpronomen stehen als Stellvertreter ...
Possessivpronomen zeigen an, wem oder ...
Demonstrativpronomen weisen auf etwas ...
Indefinitpronomen verwendet man, wenn ...
Relativpronomen leiten einen Nebensatz ein.

AUFGABE 14 S. 30
Lösungsvorschlag:
Personalpronomen: ich, du, sie ...
Possessivpronomen: mein, dein, sein ...
Demonstrativpronomen: dieser, dieses, jene ...
Indefinitpronomen: man, viele, irgendein ...
Relativpronomen: der, die, welche ...

AUFGABE 15 S. 30
1. wie; **2.** als

AUFGABE 16 S. 30
2. an (Zeit); **3.** Wegen (Grund); **4.** ohne (Art und Weise)

AUFGABE 17 S. 31
1. werden kaufen (Futur I); **2.** habe gehabt (Perfekt); **3.** krachte zusammen (Präteritum); **4.** gehst (Präsens)

AUFGABE 18 S. 31
1. Laufen / Schwimmen, laufen / schwimmen
2. schwimmen / laufen, Schwimmen / Laufen
3. Reiten, reiten

AUFGABE 19 S. 31
1. werden machen – In zwei Monaten werden wir unsere große Reise gemacht haben.
2. wird schwimmen – Der Kleine wird ohne Schwimmflügel geschwommen sein.

AUFGABE 20 S. 31
1. es begann; **2.** er galt; **3.** wir litten; **4.** ihr schnaubtet

AUFGABE 21 S. 32
1. Die Tafel wird vom Lehrer gewischt.
2. Ein Gedicht wird von ihnen gelesen werden.
3. Der Boden wurde von Oma geputzt.

AUFGABE 22 S. 32
2. hübsch (prädikativ); **3.** hell (adverbial);
4. Glückliche (substantiviert)

AUFGABE 23 S. 32
Lösungsvorschlag:
1. ... besuchen(,) **und** ich möchte mein Zimmer aufräumen.
2. ... treffen, **denn** ich bin krank.

AUFGABE 24 S. 32
1. den Postboten; **2.** der Lehrerin; **3.** eines Engels;
4. dem Schiff

2 Die Satzglieder und das Prädikat

ÜBUNG 1 S. 34
Ein alter Löwe konnte nicht mehr **auf die Jagd** gehen. So **überlegte** er sich eine List. Er ging **in eine Höhle** und tat so, als ob er krank sei. **Die Tiere** kamen ihn besuchen. Der Löwe **fraß** diejenigen, die zu ihm in die Höhle kamen. **Da** kam der Fuchs. Er erkannte **die List** und blieb **am Eingang der Höhle** stehen. Der Löwe **fragte:** „Warum kommst du nicht herein?" Der Fuchs antwortete: „Ich sehe **an den Spuren,** dass viele hineingehen, aber keiner herauskommt."

ÜBUNG 2 S. 34
1. Der Weg / ist / das Ziel.
2. Die Basis einer gesunden Ordnung / ist / ein großer Papierkorb.
3. Ich / prüfe / jedes Angebot. / Es / könnte / das Angebot meines Lebens / sein.

ÜBUNG 3 S. 35
1. Der Sturm / pfeift / laut / um das Haus. – Laut pfeift der Sturm um das Haus. – Um das Haus pfeift laut der Sturm.
2. Der Wind / reißt / die Balkonpflanzen / aus ihren Töpfen. – Aus ihren Töpfen reißt der Wind die Balkonpflanzen. – Die Balkonpflanzen reißt der Wind aus ihren Töpfen.
3. Morgen / müssen / wir / das Chaos / beseitigen. – Das Chaos müssen wir morgen beseitigen. – Wir müssen morgen das Chaos beseitigen.

ÜBUNG 4 S. 35
Richtige Satzglieder:
1. eine Zeitschrift; **2.** auf einen Stuhl

ÜBUNG 5 S. 35
Lösungsvorschlag:
1. Sie / Die Jungen und Mädchen
2. radeln / brausen
3. sehr kaputt / ziemlich erschöpft

ÜBUNG 6 S. 37
Dazu **laden** sie ... **ein.** Sie **proben** bereits ... Klassensprecher Theo **spielt** die Hauptrolle: ... Lilly **verkleidet** sich als gute Fee ... Dann **gibt** es noch ... Melissa, die in ein Fliegenpilzkostüm **schlüpft.** Für einen schönen Abend **bietet** die Klasse ... **an** ... Doch das **ist** eine Überraschung.

ÜBUNG 7 S. 37
2. Wer spielt auf der Wiese? Die kleine Katze Tinka.
3. Wer besucht mich morgen? Mein bester Freund.
4. Was funktioniert prima? Das ferngesteuerte Auto.

ÜBUNG 8 S. 38
2. hofft; **3.** schlafen; **4.** Verstehst; **5.** wünschst;
6. Gib; **7.** trinkt
Zungenbrecher: Jäger Jakob jagt in Japan einen Jaguar.

ÜBUNG 9 S. 38
Lösungsvorschlag:
Selina wird ... Selina / Sie (wer?) ist schon ganz aufgeregt. Der Koffer / Die Tasche (was?) ist bereits gepackt. Selina (wer?) hofft, ... hat. Der Hund / Hund Bello (wer?) kläfft schon seit heute Morgen. Auch er (wer?) spürt ... fährt ein Auto / das Auto / der Bus (was?) vor. Nun heißt es Abschied nehmen. Selina (wer?) gibt ihren Eltern einen dicken Kuss. Der Hund / Hund Bello (wer?) schleckt ...

ÜBUNG 10 S. 38
1. Die Tierpflegerin freut sich. **2.** Wir werden reisen. **3.** Peter schlief.

ÜBUNG 11 S. 39
1. 1. Satzgliedstelle; **2.** 2. Satzgliedstelle
3. 1. Satzgliedstelle; **4.** 2. Satzgliedstelle

ÜBUNG 12 S. 39
1. In zwei Wochen wirst du deine Operation bereits überstanden haben.
2. Kehren deine Großeltern bald wieder zurück?
3. Das Huhn hat bereits Eier gelegt.

ÜBUNG 13 S. 39
Lösungsvorschlag:
Hund Lucky wurde an eine Stange gebunden.

ÜBUNG 14 S. 39
Der Fuchs und der Rabe
Ein Rabe stahl an einem offenen Fenster ein Stück Käse. Er flog damit auf einen hohen Baum. Der Fuchs erblickte ihn. Sofort begann er zu reden. „Lieber Rabe, dein Gefieder glänzt so herrlich! Deine Gestalt ist so anmutig! Und dein Gesicht sieht so hübsch aus! Doch singen kannst du leider nicht!"
Der dumme Rabe fiel auf das Gerede des schlauen Tieres herein. Er wollte dem Fuchs seine Gesangskünste zeigen. Deshalb öffnete er den Schnabel.
Sofort fiel sein Stück Käse herab. Dieses schnappte schnell der Fuchs.
Nun bemerkte der Rabe den Betrug. Er stöhnte laut über seine eigene Dummheit.

ÜBUNG 15 S. 41
2. Die Tante verspricht ihrer Nichte ein Haustier.
Frage: Wen oder was verspricht die Tante ihrer Nichte? Ein Haustier.
3. Der Lehrer erklärt dem Schüler die Aufgabe.
Frage: Wen oder was erklärt der Lehrer dem Schüler? Die Aufgabe.
4. Die Familie besucht im Urlaub ihre Verwandten.
Frage: Wen besucht die Familie im Urlaub? Ihre Verwandten.

ÜBUNG 16 S. 41
2. dem Dieb; **3.** dem Verwundeten; **4.** dem Baby; **5.** dem Clown; **6.** dem Künstler; **7.** seinem Angestellten

ÜBUNG 17 S. 41
2. der Kundin; **3.** ihrem Hund; **4.** dem Angeklagten; **5.** seiner Freundin; **6.** seinem Lehrer

ÜBUNG 18 S. 42
Lösungsvorschlag:
2. Paula stolpert **über die Tasche.**
3. Der kleine Hund freut sich **auf / über den Knochen.**
4. Ich zweifle **an deiner Aufrichtigkeit.**
5. Der nette Junge fragte **nach dir.**

ÜBUNG 19 S. 42
2. Der Landwirt (S) gibt (P) den Pferden (DO) frisches Heu (AO).
3. Der Bäcker (S) backt (P) für das Geburtstagskind (PO) eine große Torte (AO).
4. Der Friseur (S) schneidet (P) dem Punker (DO) einen frischen Irokesenschnitt (AO).
5. Der Dachdecker (S) bedeckt (P) das Dach (AO) mit blauen Ziegeln (PO).
6. Der Schneider (S) kürzt (P) der Braut (DO) das Hochzeitskleid (AO).

ÜBUNG 20 S. 42
1. präp. Objekt; **2.** Akkusativobjekt; **3.** Dativobjekt; **4.** Akkusativobjekt; **5.** Akkusativobjekt; **6.** präp. Objekt; **7.** präp. Objekt

ÜBUNG 21 S. 43
2. Leon / nahm sich / des kleinen Vogels / an.
Frage: Wessen nahm sich Leon an? Des kleinen Vogels.
3. Schnell / entledigte sich / der Obdachlose / seiner ungeliebten Kleider.
Frage: Wessen entledigte sich der Obdachlose schnell? Seiner ungeliebten Kleider.
4. Ich / erinnere mich / des tragischen Unglücks.
Frage: Wessen erinnere ich mich? Des tragischen Unglücks.

ÜBUNG 22 S. 43
1. Subjekt; **2.** Akkusativobjekt; **3.** Genitivobjekt; **4.** Subjekt; **5.** Akkusativobjekt; **6.** Dativobjekt

ÜBUNG 23 S. 43
1. Die Post / liefert / Frau Maier / das Paket / mit dem großen Postwagen.
2. Der Dieb / harrte / der Ankunft der Polizei.
3. Die Party auf dem Schiff / hatte / für alle / ein jähes Ende.
4. Gustav / bringt / den Hamster / zu seinem Freund.

ÜBUNG 24 S. 46
Zeit: einstmals, zur Mittagszeit, zunächst, gleich darauf, nach dem Mahl, zuerst, an diesem Tag
Ort: nach Bayreuth, in eine Gaststätte, an der Tür
Grund: wegen seiner Geldnot, aus purer Schalkheit
Art und Weise: hungrig, freundlich, schnell, genüsslich, ärgerlich, rasch, gut, voller Zorn, gewitzt, guten Mutes

ÜBUNG 25 S. 46
Bello machte sich in Sekundenbruchteilen los. Sofort rannte er wie wild auf Daniela zu. Diese blickte kurz auf und schloss ihren Hund lange in

die Arme. „Nie wieder werde ich so lange verreisen", seufzte sie.

ÜBUNG 26 S. 47

2. in der Backstube; Frage: Wo zieht er seine Arbeitskleidung an? **Adv. Best. des Ortes**
3. Voll Tatendrang; Frage: Wie macht er sich an die Arbeit? **Adv. Best. der Art und Weise**
4. Aufgrund der vielen Bestellungen; Frage: Weshalb gibt es an manchen Tagen mehr zu tun? **Adv. Best. des Grundes**
5. todmüde; Frage: Wie fällt er in sein Bett? **Adv. Best. der Art und Weise**

ÜBUNG 27 S. 47

1. rote; **2.** auf der Stange

ÜBUNG 28 S. 48

2. Jeder / sollte / so oft wie möglich / das Auto stehen lassen. **Adv. Best. der Zeit**
3. Man / kann / biologisch erzeugte Nahrungsmittel / aus der Region / kaufen. **Adv. Best. des Ortes**
4. Die Wäsche / wird / mit niedriger Temperatur / gewaschen. **Adv. Best. der Art und Weise**
5. Man / kann / einige Tage / ohne Fleischverzehr / auskommen. **Adv. Best. der Zeit**

ÜBUNG 29 S. 48

2. Wo ist er? **Adv. Bestimmung des Ortes**
3. Wohin setzen sie sich? **Adv. Best. des Ortes**
4. Worauf / Auf was achtet Herr Schmitz nicht? **Präpositionales Objekt**
5. Weshalb stößt Herr Schmitz einen kleinen Schrei aus? **Adv. Best. des Grundes**
6. Weshalb bestellt er danach ein Stück Torte? **Adv. Best. des Grundes**
7. Womit / Mit was isst er die Torte? **Präpositionales Objekt**

Thementest

AUFGABE 1 S. 49

1. Morgen / leihen / wir / in der Videothek / einen schönen Film / aus. – In der Videothek leihen wir morgen einen schönen Film aus. – Einen schönen Film leihen wir morgen in der Videothek aus.
2. Dazu / besorgen / wir / uns / Chips und Limonade. – Wir besorgen uns dazu Chips und Limonade. – Chips und Limonade besorgen wir uns dazu.

AUFGABE 2 S. 49

Subjekt – wer? was?
Prädikat – was geschieht?
Dativobjekt – wem?
Akkusativobjekt – wen? was?
Genitivobjekt – wessen?

AUFGABE 3 S. 49

Lösungsvorschlag:
1. Die ganze Familie speist im Parkrestaurant.
2. Jedes Jahr macht Frau Schön in Italien Urlaub.
3. Sie vermisst ihren Radiergummi.

AUFGABE 4 S. 50

1. Mein Vater streicht an.
2. Der Mann fotografiert.

AUFGABE 5 S. 50

1. Ortes; **2.** adv. Best. des Grundes; **3.** adv. Best. der Zeit; **4.** adv. Best. der Art und Weise

AUFGABE 6 S. 50

Lösungsvorschlag:
1. Gerne denken wir **an unsere Oma**.
2. Ich habe Angst **vor dem Fliegen**.
3. Wir hoffen **auf besseres Wetter**.

AUFGABE 7 S. 50

1. Das Essen schmeckte mein**er** gestreift**en** Katze sehr gut.
2. Wir schreiben unser**er** geliebt**en** Oma eine Postkarte.
3. Ich schenke d**em** neugeboren**en** Baby eine Rassel.

AUFGABE 8 S. 51

Schnell geht Frau Sperling in die Schule. Heute wäre sie am liebsten im Bett geblieben! Zu Hause hinterlässt sie ein Chaos. Die Brötchen liegen vertrocknet im Backofen. Saftflecken befinden sich auf dem Tisch. Es kann nur besser werden!

AUFGABE 9 S. 51

mit ihrer Mutter (PO) – von den Nationalsozialisten (PO) – um ihr Leben (PO) – an die schlimmen Erlebnisse (PO) – den Auftrag (AO) – des völlig verschüchterten Mädchens (GO) – auf diese schwierige Aufgabe (PO) – wenig Zeit (AO) – ihr Vertrauen (AO) – alles (AO) – ihrem Freund (DO)

AUFGABE 10 S. 51
1. Genitivattribut; **2.** Adjektivattribut; **3.** Apposition als Attribut

AUFGABE 11 S. 52
1. adverbiale Bestimmung des Ortes; **2.** adverbiale Bestimmung der Art und Weise; **3.** adverbiale Bestimmung des Grundes; **4.** adverbiale Bestimmung der Zeit; **5.** adverbiale Bestimmung des Ortes

AUFGABE 12 S. 52
Lösungsvorschlag:
1. Sie nahm sich des Jungen an.
2. Er bedarf meiner Hilfe nicht.
3. Wir erinnern uns des Urlaubs.
4. Ich rühme mich meines Gedächtnisses.

AUFGABE 13 S. 52
1. Aufgeregt / flatterte / der Papagei / über die Köpfe der Zuschauer.
2. Das Känguru / hüpfte / durch das Gehege.
3. Viele Besucher / bewunderten / den Orang-Utan.
4. Die Zooleitung / vergrößerte / das Becken der Seelöwen.
5. Der kleine Junge / erinnert sich / seines letzten Besuches.
6. Damals / durfte / er / den Enten / trockenes Brot / geben.

AUFGABE 14 S. 53
1. Der gemeine Junge hat das Bonbon geklaut. **Adjektivattribut**
2. Der Film, ein echter Kassenschlager, gehört Christian. **Apposition als Attribut**
3. Die Klingel an der Haustür ist kaputt. **Präpositionales Attribut**

AUFGABE 15 S. 53
1. Aufgrund des Schneetreibens bildete sich ein kilometerlanger Stau auf der Autobahn. **Adv. Best. des Grundes / Adverbiale Bestimmung des Ortes**
2. Viele Autos standen quer auf der Straße. **Adv. Best. der Art und Weise / Adv. Best. des Ortes**
3. Im selben Moment kam ein Sturm auf. **Adv. Best. der Zeit**
4. Der Wind riss die Ziegel vom Dach. **Adv. Best. des Ortes**
5. Ängstlich suchten die Menschen Schutz in den Häusern. **Adv. Best. der Art und Weise / Adv. Best. des Ortes**

AUFGABE 16 S. 53
1. Attribut; **2.** präpositionales Objekt; **3.** Attribut; **4.** adverbiale Bestimmung (des Ortes)

3 Der Satz

ÜBUNG 1 S. 55
1. Fragesatz; **2.** Fragesatz; **3.** Aussagesatz; **4.** Aufforderungssatz

ÜBUNG 2 S. 55
Robert muss niesen: **„Hatschi!“**, dröhnt es laut im Zimmer. Annika bekommt einen Schreck: **„Huch!“**, entfährt es ihr. **„Gesundheit!“**, rufen die anderen. „Ich habe mich wohl erkältet. **Mist!“**, denkt Robert.

ÜBUNG 3 S. 55
Hey, Omas und Opas**!** Heute mal keinen Bock auf Bingo**?** Dann kommt zu uns**!** Im Seniorenzentrum an der Spree tanzen die Mäuse auf den Tischen**!(.)**

ÜBUNG 4 S. 56
2. Nun rechts bleiben! **3.** Gleich anhalten! **4.** Die Autotür öffnen!

ÜBUNG 5 S. 56
1. Fährst du ...? **Entscheidungsfrage**
2. Wohin möchtest du denn? **Ergänzungsfrage**
3. Magst du Italien? **Entscheidungsfrage**
4. Wann fliegen wir? **Ergänzungsfrage**

ÜBUNG 6 S. 56
Lösungsvorschlag:
1. Wir gehen jetzt hinein!
2. Beeile dich!
3. Schau genau hin!

ÜBUNG 7 S. 56
Morgen schreiben wir zwei Arbeiten an einem Tag**! (.)** Puh, welch ein Stress**!** Hätte man das nicht besser verteilen können**?** Nun muss ich parallel lernen. **(!)** Wie soll ich mich da nur konzentrieren können**?** Hoffentlich sind bald Ferien**!**

ÜBUNG 8 S. 59
1. Im Sportunterricht spielen die Jungen Basketball, während / weil / nachdem / sobald die Mädchen Zumba® tanzen.
2. Sobald / Während / Weil / Nachdem Jan zu Hause ist, schaltet er den Computer an.

3. Ich esse gerne Obst, während / wenn ich für die Schule lerne.
3. Ich komme mit, obwohl ich keine Pferde mag.

ÜBUNG 9 **S. 59**

Ö	O	X	A	N	S	T	A	T	T
W	B	B	V	D	N	D	E	K	A
Ä	S	C	W	L	A	N	L	Ä	L
H	O	Ö	P	O	C	K	G	G	S
R	D	O	S	X	H	P	P	Y	M
E	A	B	O	W	D	L	H	T	H
N	S	V	B	D	E	Q	F	L	U
D	S	K	A	A	M	O	I	N	L
U	W	W	L	P	O	E	D	T	Y
U	I	B	D	S	W	T	U	Q	X

ÜBUNG 10 **S. 59**
Lösungsvorschlag:
1. Opa schenkt seinem Enkel ein Meerschweinchen. **Dativobjekt / Akkusativobjekt**
2. Lasse füttert es täglich mit Löwenzahn. **Akkusativobjekt / Adverbiale Bestimmung / Präpositionales Objekt**
3. Der Schnee fällt leise auf die Hausdächer. **Adverbiale Bestimmungen**

ÜBUNG 11 **S. 60**
Die Temperaturen sinken, der erste Schnee fällt. / Die Temperaturen sinken(,) und der erste Schnee fällt.
Es wird früh dunkel, wir gehen bald ins Bett. / Es wird früh dunkel(,) und wir gehen bald ins Bett.
In der Küche wird gebacken, es duftet nach Lebkuchen. / In der Küche wird gebacken(,) und es duftet nach Lebkuchen.
In den Tassen dampft heißer Tee, die Adventszeit beginnt. / In den Tassen dampft heißer Tee(,) und die Adventszeit beginnt.

ÜBUNG 12 **S. 60**
1. Du solltest dich, falls du noch etwas essen möchtest, beeilen.
2. Als es anfing zu regnen, wollte Tim mit dem Fahrrad losfahren.
3. Man kann die Flasche gut öffnen, indem man den Flaschenöffner benutzt.

ÜBUNG 13 **S. 61**
1. Satzreihe; **2.** Satzgefüge; **3.** Satzreihe

ÜBUNG 14 **S. 61**
1. Heute geht Papa mit Lukas in ein Tierheim, das sich im Ort nebenan befindet.
2. Sie halten Ausschau nach einem Hasen, den Lukas als Haustier halten möchte.
3. Die Leiterin zeigt ihnen einen braunen Hasen, der riesig ist.
4. Da bekommt es Lukas, der eigentlich sehr mutig ist, mit der Angst zu tun.

ÜBUNG 15 **S. 62**
Peter fragt, wie mir seine Mütze gefalle / gefällt.
Carolina will wissen, ob mir ihre neue Haarfarbe schon aufgefallen sei / ist.
Und Lisa überlegt, wann sie sich endlich einen neuen Rock kaufen könne / kann.

ÜBUNG 16 **S. 63**
2. ... wobei er unaufhörlich mit dem Stift auf den Tisch klopfte. (modal: 7)
3. Ehe ich zu spät komme, ... (temporal: 4)
4. ... um in Urlaub zu fahren. (final: 10)
5. Da ich gestern sehr spät ins Bett bin, ... (kausal: 11)
6. ... indem ich das Buch aufschlage. (modal: 2)
7. ... wo er in Sicherheit ist. (lokal: 8)
8. Während der Computer hochfährt, räume ich meinen Schreibtisch auf. (temporal: 13)
9. ... damit ich das Wochenende freihabe. (final: 5)
Lösungssatz: Wenn einer, der mit Mühe kaum
gekrochen ist auf einen Baum,
schon meint, dass er ein Vogel wär,
so irrt sich der.

ÜBUNG 17 **S. 64**
1. Dass er noch kommt, bezweifle ich.
Frage: Wen oder was bezweifle ich? **Objektsatz** (Akkusativ)
2. Ich bedaure, sie verletzt zu haben.
Frage: Wen oder was bedaure ich? **Objektsatz** (Akkusativ)
3. Wer mich unterstützt, wird es nicht bereuen.
Frage: Wer wird es nicht bereuen? **Subjektsatz**

ÜBUNG 18 **S. 64**
... hat er Eingang in viele Geschichten gefunden, **obwohl er nicht klüger als andere Raubtiere ist (Konjunktionalsatz).** Doch was wissen wir

über den Fuchs, **der ein Vertreter der Familie der Hunde ist (Relativsatz)?** Eigentlich hat sein Fell eine leuchtende braunrote Färbung, **wobei auch abweichende Färbungen möglich sind (Konjunktionalsatz).** Er jagt am liebsten in der Dämmerung, **wenn seine Hauptbeute aktiv ist (Konjunktionalsatz)**. ... **Wer ihm begegnet,** wird ihn sicher in sein Herz schließen **(Subjektsatz).**

Thementest

AUFGABE 1 S. 65
1. Ein Hauptsatz ist ein Satz, der selbstständig für sich alleine stehen kann und von keinem anderen Satz abhängt.
2. Ein Nebensatz ist ein Satz, der nicht für sich alleine stehen kann, sondern von einem anderen Satz abhängt.

AUFGABE 2 S. 65
1. Satzreihe; **2.** Satzreihe

AUFGABE 3 S. 65
1. Entscheidungsfrage; **2.** Entscheidungsfrage; **3.** Ergänzungsfrage

AUFGABE 4 S. 65
1. Der Affe, der in der Manege steht, macht ein komisches Gesicht.
2. Möglicherweise fragt er sich, weshalb die Menschen lachen.
3. Er befürchtet, sie könnten über ihn lachen.

AUFGABE 5 S. 65
Kann ich die Saftflasche haben? Ja, aber zuerst schütteln! Danke.

AUFGABE 6 S. 66
1. Tina wünscht sich ein neues Skateboard zu ihrem Geburtstag, der in einem Monat ist.
2. Sie bewundert es schon seit Wochen in einem Sportgeschäft, in dem ihr Onkel arbeitet.
3. Mit diesem Skateboard wäre sie die Königin der Clique, mit der sie sich fast täglich trifft.

AUFGABE 7 S. 66
Gib mir den Stift! **Aufforderungssatz**
Fragesatz: Gibst du mir den Stift?
Aussagesatz: Du gibst mir den Stift.

AUFGABE 8 S. 66
1. Schon seit vielen Monaten bettelt Lisa, ob sie nun endlich ein Haustier bekomme.
2. Wie immer fragt der Vater zurück, ob sie sich auch gut um das Tier kümmern würde.
3. Die Mutter mischt sich ein und will wissen, welches Tier sie denn möchte.

AUFGABE 9 S. 67
1. Am Schulsportfest nehmen alle Klassen teil, die Schülerinnen ...
2. Für jede Gruppe ist eine Lehrperson zuständig, denn die Ergebnisse ...
3. Hoffentlich scheint die Sonne, aber das Sportfest findet ...
4. Zum Staffellauf versammeln sich alle an dem großen Rasenplatz(,) und die Schülerinnen ...
5. Aus jeder Klasse dürfen nur acht Schülerinnen und Schüler teilnehmen, aber der ...

AUFGABE 10 S. 67
1. Da die Sonne scheint, können wir unsere Wanderung starten. (NS vorangestellt)
Wir können, da die Sonne scheint, unsere Wanderung starten. (NS eingeschoben)
Wir können unsere Wanderung starten, da die Sonne scheint. (NS nachgestellt)
2. Wir richten uns, damit wir lange durchhalten, Berge von belegten Broten. (NS eingeschoben)
Damit wir lange durchhalten, richten wir uns Berge von belegten Broten. (NS vorangestellt)
Wir richten uns Berge von belegten Broten, damit wir lange durchhalten. (NS nachgestellt)

AUFGABE 11 S. 67
Ich räume mein Zimmer auf, damit ich mich vor meinem Besuch nicht schämen muss. (Finalsatz) – Sehr schnell schloss sie die Autotür, wobei sie sich fast den Finger einklemmte. (Modalsatz) – Ehe mein Vater die Tür öffnete, versteckte ich mich im Schrank. (Temporalsatz)

AUFGABE 12 S. 68
1. Wer sich mein Freund nennt, dem vertraue ich.
Frage: Wem vertraue ich?
Richtig: Objektsatz
2. Wem ich vertraue, der darf sich mein Freund nennen.
Frage: Wer darf sich mein Freund nennen?
Richtig: Subjektsatz

AUFGABE 13 S. 68

1. Nachdem der Lehrer die Hausaufgaben an die Tafel geschrieben hatte, meldete sich ein Schüler.
2. Der Schüler konnte die Schrift an der Tafel nicht lesen, weil ihn die Sonne blendete.

AUFGABE 14 S. 68

1. Bevor sich die Freunde verabschieden, gibt es noch die Filmauswahl zu besprechen. (Konjunktionalsatz, Adverbialsatz, Temporalsatz)
2. Marie möchte einen Film sehen, der lustig ist. (Pronominalsatz, Relativsatz)
3. Leon möchte einen Actionfilm sehen, weil er die Spannung liebt. (Konjunktionalsatz, Adverbialsatz, Kausalsatz)
4. Nachdem Carolina eine Weile überlegt hat, stimmt sie Marie zu. (Konjunktionalsatz, Adverbialsatz, Temporalsatz)

4 Wortbedeutung und Wortbildung

ÜBUNG 1 S. 70

Kleidung	Tiere	Berufe	(technische) Geräte
Pullover	Maus	Friseur(in)	Computer
Jeans / Hose	Hund	Polizist(in)	Handy / Mobiltelefon
Shorts	Katze	Gärtner(in)	Fernseher

ÜBUNG 2 S. 70

1. leicht; **2.** gut; **3.** niemand; **4.** Armut; **5.** unbeliebt

ÜBUNG 3 S. 71

ÜBUNG 4 S. 71

1. mager, schlank, hager
2. finden, denken, glauben

ÜBUNG 5 S. 73

ab-: ablegen, abfinden, abziehen, absehen
er-: erlegen, erfinden, erziehen, ersehen
ent-: enttäuschen, entziehen
hin-: hinlegen, hinfinden, hinziehen, hinsehen
ver-: verlieben, verlegen, verziehen
zu-: zulegen, zuziehen, zusehen

ÜBUNG 6 S. 73

1. freundlich; **2.** Heiterkeit; **3.** Beliebtheit; **4.** heimlich / heimlos; **5.** pingelig; **6.** fruchtbar / fruchtlos / fruchtig

ÜBUNG 7 S. 73

Uni – Universität; Krimi – Kriminalroman / Kriminalfilm;
Bus – Omnibus; Lkw – Lastkraftwagen; Azubi – Auszubildender; Kripo – Kriminalpolizei; EU – Europäische Union; Auto – Automobil; ZDF – Zweites Deutsches Fernsehen; Mathe – Mathematik; Mikro – Mikrofon

ÜBUNG 8 S. 74

Lösungsvorschlag:
1. ausfragen, fraglich, erfragen, fragwürdig, die Frage, das Fragezeichen
2. belächeln, belachen, zulachen, auslachen, das Lächeln, lächerlich, lachhaft

ÜBUNG 9 S. 74

Lösungsvorschlag:
2. Haus + Tür = die Haustür
3. Clown + Nase = die Clownsnase
4. Baum + hoch = baumhoch

Thementest

AUFGABE 1 S. 75

Diese Kärtchen gehören zusammen:
Homonyme – Gleichlautende Wörter mit unterschiedlichen Bedeutungen – Bremse, Schimmel
Antonyme – Wörter mit gegensätzlicher Bedeutung – strebsam, faul
Ober- und Unterbegriffe – Sie benennen eine Art bzw. sind Beispiele für diese Art – Getränke – Saft, Milch, Limonade
Synonyme – Wörter mit gleicher oder ähnlicher Bedeutung – Streichholz, Zündholz

AUFGABE 2 S. 75
Diese Wörter gehören nicht in die Wortfamilie:
1. erblicken, die Seenot
2. laufen, der Rentner
3. die Hochzeit, gelebt

AUFGABE 3 S. 75
Lösungsvorschlag:
1. schön / hübsch; **2.** anhalten / stoppen / stehen; **3.** hungrig; **4.** riesig; **5.** die Freude; **6.** gesund

AUFGABE 4 S. 76
Lösungsvorschlag:
Wortfeld „öffnen“: aufmachen, durchstoßen, einlassen / aufschließen, aufsperren, aufhalten, eindrücken
Wortfeld „anhalten“: abbrechen, stehen bleiben, stoppen / innehalten, haltmachen, pausieren
Wortfeld „stören“: ablenken, aufhalten, behelligen / unterbrechen, lästig fallen, ungelegen kommen
Wortfeld „schubsen“: stoßen, stoppen, zusammenprallen / stupsen, anrempeln, umwerfen

AUFGABE 5 S. 76
1. Wochentage; **2.** Schreibgeräte / Schreibzeug; **3.** (Brett)spiele

AUFGABE 6 S. 76
1. ~~be~~hören: zuhören, abhören, verhören, anhören, aufhören, erhören, hinhören, überhören, umhören, weghören
2. ~~dar~~nehmen: abnehmen, wegnehmen, zunehmen, hinnehmen, vernehmen, entnehmen, annehmen, aufnehmen, ausnehmen, übernehmen, unternehmen, zusammennehmen
3. ~~um~~enden: beenden, verenden
4. ~~bei~~sehen: ansehen, aufsehen, aussehen, besehen, einsehen, hinsehen, nachsehen, umsehen, versehen, vorsehen, wegsehen, zusehen
5. klein~~ig~~: kleinlich
6. heil~~lich~~: heilbar, heilig, heilsam

AUFGABE 7 S. 77
1. Gras + grün = grasgrün (Adjektiv)
2. Pfeil + schnell = pfeilschnell (Adjektiv)
3. lesen + Buch = das Lesebuch (Substantiv)
4. Küche + Tisch = der Küchentisch (Substantiv)
5. baden + Zimmer = das Badezimmer (Substantiv)
6. Eis + laufen = eislaufen (Verb)

AUFGABE 8 S. 77
1. die Blase: ein Körperorgan / eine Hautverletzung
2. der Boxer: eine Hunderasse / ein Mensch, der die Sportart „Boxen“ ausübt
3. der Kamm: ein Gerät zum Kämmen der Haare / eine Reihe von Gipfeln eines Gebirges / ein Hautlappen auf dem Kopf von Kammhühnern
4. das Katzenauge: das Auge einer Katze / ein Glaskörper, der Licht reflektiert

AUFGABE 9 S. 77
1. SMS; **2.** Abi; **3.** VW; **4.** Assi; **5.** AB; **6.** Mathe; **7.** ZDF; **8.** Reli

Abschlusstest

AUFGABE 1 S. 78
Substantiv: Gefühl, Leben, Urlaub, Zement
Artikel: das, der, eine, eines
Verb: anstrengen, flüstern, verursachen, wissen
Adjektiv: aufregend, bitter, geheimnisvoll, gesprächig
Konjunktion: aber, da, dennoch, sodass
Präposition: bei, zwischen, hinter, unter

AUFGABE 2 S. 78
1. Homonyme: Wörter mit verschiedenen Bedeutungen *(Schloss – Bank);* **2.** Antonyme: Wörter mit gegensätzlicher Bedeutung *(groß – klein);* **3.** Synonyme: Wörter mit gleicher oder ähnlicher Bedeutung *(rennen – laufen)*

AUFGABE 3 S. 78
Lösungsvorschlag:
1. belesen / verlesen / vorlesen; **2.** verordnen / abordnen / umordnen; **3.** wegnehmen / abnehmen / vornehmen; **4.** Geheimnis; **5.** männlich; **6.** kriegerisch

AUFGABE 4 S. 79
1. Aufforderungssatz; **2.** Fragesatz (Entscheidungsfrage); **3.** Fragesatz (Ergänzungsfrage); **4.** Ausrufesatz (Interjektion); **5.** Aussagesatz

AUFGABE 5 S. 79
1. Heute Morgen / hat / mein Opa / sein Gebiss / verlegt. – Mein Opa hat heute Morgen sein Gebiss verlegt. – Sein Gebiss hat mein Opa heute Morgen verlegt.
2. Deshalb / setzte / er / sich / ohne seine Zähne / an den Frühstückstisch. – Ohne seine

Zähne setzte er sich deshalb an den Frühstückstisch. – Er setzte sich deshalb ohne seine Zähne an den Frühstückstisch.
3. Sein Milchhörnchen / tunkte / er / kurz entschlossen / in den Kaffee. – Kurz entschlossen tunkte er sein Milchhörnchen in den Kaffee. – In den Kaffee tunkte er sein Milchhörnchen kurz entschlossen.

AUFGABE 6 S. 79
1. Er steht draußen. **lokal**
2. Ich finde das Kostüm sehr hässlich. **modal**
3. Ich kann meine Schuhe nicht finden, deshalb werde ich barfuß gehen. **kausal, modal**
4. Er geht immer zum Joggen. **temporal**
5. Irgendwoher kam ein Ball auf sie zugeflogen. **lokal**
6. Er wird mir hoffentlich ein Geschenk mitbringen. **modal**

AUFGABE 7 S. 80
Heute ... **bestes** (von: gut) Kleid an, da meine **unverheiratete** Tante aus dem **fernen** Afrika ... vor **vielen** Jahren sagte, dass sie den **benachteiligten** Kindern ... ein **langes** Gesicht – besonders meine **große** Schwester. Sie hatte **mehr** (von: viel) Zeit als ... hatten **fantastische** Pläne ... eine **neue** Schule in ... in **wenigen** Monaten will ... ihrer **anstrengenden** Schulzeit.

AUFGABE 8 S. 80
1. Eure: **Possessivpronomen**
2. diese: **Demonstrativpronomen**
3. etliche: **Indefinitpronomen**
4. Ihr: **Personalpronomen**

AUFGABE 9 S. 80
1. Satzreihe; **2.** Satzgefüge

AUFGABE 10 S. 81
Nachdem ... Schloss **gekauft hatten, hörten** sie ... Sie **machten** sich ... an Gespenster **glaubten.** Nachdem sie **eingezogen waren, gab** es ... vom Dachboden **kamen.** Am Tag **durchsuchte** der Vater ..., **fand** aber nichts.

AUFGABE 11 S. 81
1. Die Anlage wurde von Tim eingeschaltet.
2. Die Luftmatratze wird von Oma aufgeblasen.
3. Die Pferde werden vom Landwirt gefüttert werden.

AUFGABE 12 S. 81
1. Das Bild, das unser Lehrer gemalt hat, hängt in einer Ausstellung.
2. Unserem Sohn gefällt das Spielzeugauto, das seine Großeltern ihm geschenkt haben.
3. Die Konfitüre, die unsere Nachbarin hergestellt hat, ist die beste seit Langem.

AUFGABE 13 S. 82
1. Der Polizist (Subjekt) / half (Prädikat) / dem Dieb (Dativobjekt) / aus Mitleid (adverbiale Bestimmung des Grundes).
2. Der Schüler (Subjekt) / bekam (Prädikat) / ständig (adverbiale Bestimmung der Zeit) / Ärger (Akkusativobjekt) / mit seinem Rektor (Präpositionalobjekt).
3. Lustlos (adverbiale Bestimmung der Art und Weise) / habe (Prädikat, Teil 1) / ich (Subjekt) / meinem Sportlehrer (Dativobjekt) / den Ball (Akkusativobjekt) / gegeben (Prädikat, Teil 2).
4. Ich (Subjekt) / bedarf (Prädikat) / heute (adverbiale Bestimmung der Zeit) / deiner Hilfe (Genitivobjekt).
5. Normalerweise (adverbiale Bestimmung der Art und Weise) / achte (Prädikat) / ich (Subjekt) / immer (adverbiale Bestimmung der Zeit) / auf die Verkehrszeichen (Präpositionalobjekt).

AUFGABE 14 S. 82
1. präpositionales Objekt; **2.** adverbiale Bestimmung des Ortes; **3.** Attribut

AUFGABE 15 S. 82
1. Ich fahre weg, aber mein Hund bleibt bei meinen Eltern. **HS + HS**
2. Verziehe deine Stirn nicht, damit du keine Falten bekommst. **Adverbialsatz – Finalsatz**
3. Wer mich beschenkt, den beschenke ich auch. **Objektsatz – Akkusativ**
4. Er kann nicht kommen, da er arbeiten muss. **Adverbialsatz – Kausalsatz**
5. Wir feiern Geburtstag, indem wir uns gegenseitig beschenken. **Adverbialsatz – Modalsatz**
6. Wer seine Hausaufgaben gemacht hat, der bekommt ein Eis. **Subjektsatz**

Stichwortfinder